AF749714

CONCORDIA DICENDI ET EXAUDIENDI

Claves del Derecho Romano para la interpretación jurídica moderna

JOSE MARÍA SAINZ-EZQUERRA FOCES

CONCORDIA DICENDI ET EXAUDIENDI

Claves del Derecho Romano para la interpretación jurídica moderna

Dykinson, S.L.

Todos los derechos reservados. Ni la totalidad ni parte de este libro, incluido el diseño de la cubierta, puede reproducirse o transmitirse por ningún procedimiento electrónico o mecánico. Cualquier forma de reproducción, distribución, comunicación pública o transformación de esta obra solo puede ser realizada con la autorización de sus titulares, salvo excepción prevista por la ley. Diríjase a CEDRO (Centro Español de Derechos Reprográficos, *www.cedro.org*) si necesita fotocopiar o escanear algún fragmento de esta obra.

Colección "Monografías de Derecho Romano"
Dirección del Prof. Dr. D. Antonio Fernández de Buján

© Jose María Sainz-Ezquerra Foces
Madrid

Editorial DYKINSON, S.L.
Meléndez Valdés, 61 - 28015 Madrid
Teléfono (+34) 915442846 - (+34) 915442869
e-mail: info@dykinson.com
http://www.dykinson.es
http://www.dykinson.com

ISBN: 978-84-15454-16-8
Depósito Legal: SE-9194-2011
Consejo Editorial véase www.dykinson.com/quienessomos

Preimpresión:
Besing Servicios Gráficos, S.L.
besing@terra.es

Impreso por: Publidisa

Mi gratitud sincera
al Prof. Dr. Antonio Fernández de Buján
y a la Editorial Dykinson.
Sin la sensibilidad del primero hacia los rincones más
complejos de la investigación romanística
y la franca apertura de la segunda a la ciencia jurídica
que sirve de trasfondo al derecho positivo,
esta monografía no habría visto la luz.

"Ainsi, le language est un miroir de l'esprit
en un sens profond et non trivial.
C'est un produit de l'intelligence humaine qui,
à chaque fois, est recréé dans l'individu
par des opérations échappant largement
à la volonté et à la conscience".

Noam Chomsky, *Rèflexions sur le language*. Paris, 1981, 13.

"In ambiguo sermone non utrumque dicimus,
sed id dumtaxat quod volumus:
itaque qui aliud dicit quam vult,
neque id dicit quod vox significat,
quia non vult neque id quod vult,
quia id non loquitur".

Paulo, *libro quarto decimo quaestionum* D. 34, 5, 3.

ÍNDICE

INTRODUCCIÓN

En el año 1937 manifestaba G.v.Beseler, con indisimulado enojo, que la obra de Stroux *Summum ius summa iniuria*[1], publicada poco mas de una decena de años antes, debería haber sido quemada en la plaza pública[2]. No comparto, desde luego, este criterio, ya que considero que ninguna aportación científica meritoria debe ser llevada, ni aún metafóricamente, a tan triste final. Tampoco, claro es, los "Beiträge" del ilustre pirómano[3], reflejo de una obsesión interpolacionista que tiene no poco que ver con sus opiniones, y hasta sentimientos, respecto del trabajo de Stroux. Éste representó, por servirnos a efectos expresivos de la dialéctica hegeliana, la *tesis*, y bastantes ilustres romanistas, de los que Beseler puede ser un buen prototipo, la *antítesis*; la deseable y esclarecedora *síntesis* está todavía por lle-

---

1 Stroux, *Summum ius summa iniuria.* Ein Kapitel aus der Geschichte der *interpretatio iuris* (1926). También, en Römische Rechtswissenschaft und Rhetorik (1949). Sobre la máxima que sirve de título a esta obra reflexiona Th. Mayer-Maly en SZ 119 (2002), 19 ss. De acuerdo con su, quizás, demasiado categórico criterio, este principio no hallaría su sede inequívoca en el campo retórico, por cuanto "die zentralen Thesen von Stroux hatten mit den Worten *summum ius summa iniuria* gar nicht viel zu tun" (pag. 20). Pero tampoco pertenece a la jurisprudencia, puesto que "die vier berühmten Worte finden wir bei keinem einzigen Juristen", lo que indica que "die vier Worte waren keine *regula iuris*, auch nicht Resultat juristischer Reflexion, sondern ein Sprichwort, ein *proverbium* (pag. 20), en línea con su mención por parte de Cicerón, en *De officiis* 1, 10, 33. V. también Index 27 (1999), 23 ss.

2 Beseler, BIDR XLV (1937), 18. V., aún, una alusión a tan exótico juicio en T. Honoré, SZ 121 (2004), 577, al comentar la obra de W. Waldstein Saggi sul diritto non scritto. Introduzione e cura di Umberto Vincenti (2002).

3 Beseler, Beiträge zur Kritik der römischen Rechtsquellen, 5 Vol. (1910-1931).

gar. No me propongo yo en este trabajo, naturalmente, alcanzar tan ambicioso objetivo, pero la perspectiva que deseo sugerir en materia de hermenéutica negocial de la jurisprudencia clásica presupone un modelo metodológico de no estanqueidad absoluta del pensamiento jurídico en relación con otros ámbitos de desarrollo intelectual, como lo es, en lugar destacado en la cultura antigua, la retórica.

Lo cierto es que Stroux desencadenó una de las polémicas más apasionantes que ha conocido la romanística desde la época del Humanismo. Su teoría sobre cómo, a partir del ultimo siglo de la República, la retórica griega habría venido a refrescar y dinamizar el viejo *ius civile*, en especial mediante la aportación de nuevas pautas hermenéuticas sustentadas en algunos conceptos procedentes de aquel ámbito, como, fundamentalmente, el de *aequitas*, resultaba en verdad sugestiva. Venía, en realidad, a romper un dogma que, en razón de unas concretas características del pensamiento jurídico, había impuesto la Escuela Histórica más de un siglo antes, pero que era ajeno al escenario cultural de los juristas romanos, a saber, la independencia de la ciencia jurídica respecto de otras disciplinas[4], aunque éstas puedan formar parte del acervo intelectual de los juristas; lo que se reflejó en la romanística en una categórica separación entre fuentes *jurídicas* y *no jurídicas*[5] y un blindaje formal del Derecho romano clásico dentro de los límites de las primeras y bajo el supuestamente absoluto gobierno del principio lógico, que tanto entusiasmo suscitara a R.V. Jhering[6], y que infundía a aquel derecho, según se pretendía, su carácter científico[7]. Frente a esta concepción, Stroux defendía la integración de retórica y derecho en las propias construcciones de los juristas romanos y, por lo que toca a las ideas y aportaciones de estos en materia hermenéutica, inauguraba una dirección doctrinal que, en esencia, puede esquematizarse así: a) El concepto de *volun-*

---

4 Cfr. Tegellen-Couperus, O. RIDA XLVII (2000), 167 SS.

5 Tellegen-Couperus, l.c., 170.

6 Jhering, Geist (6ª ed.) 3, 1, 319. En la grafía "Jhering" sigo el consejo de Wieacker, Privatrechtsgeschichte der Neuzeit (1967), 23.V.3, n. 58.

7 El propio Savigny había atribuido al método de los juristas clásicos una seguridad "wie sie sich sonst ausser der Mathematik nicht findet", por lo que "man kann ohne Übertreibung sagen, dass sie –los juristas– mit ihren Begriffen rechnen". Vom Beruf, reimp. de la 3ª ed. (1982), 17.

tas, así como sus prácticamente equivalentes en el uso de los juristas *animus*, *mens* o *sensus*, son de naturaleza retórica y fueron transferidos desde esta disciplina al pensamiento jurídico; b) una vez recibidos, dichos conceptos adquirieron el suficiente peso en el campo del derecho como para marcar una pauta interpretativa de los actos jurídicos de conformidad a la voluntad del sujeto interviniente –o, en su caso, de los sujetos–, frente a las palabras integrantes de su declaración. Una pauta, esto es, de *interpretación individual*, frente a la hoy denominada *interpretación típica*; c) puesto que la recepción de los citados conceptos retóricos tuvo lugar desde los albores mismos de la etapa jurisprudencial clásica, no hay razón alguna para reputar interpolados los textos, recogidos en la compilación justinianea, en los que los correspondientes términos aparecen señalando orientaciones hermenéuticas.

La brillante personalidad científica de S. Riccobono representa mejor que ninguna otra en la primera mitad del siglo XX, esto es, en la época de mayor efervescencia del debate doctrinal, la dirección a la que acabo de referirme; con una particularidad: sus ideas no arrancan del conocimiento del trabajo de Stroux, a cuya tesis se adheriría, desde luego, más tarde[8], puesto que ya en el mismo año de la aparición de dicho trabajo publicaba el maestro de Palermo un contundente artículo titulado "Legati e fedecommessi, *verba* e *voluntas*"[9], en el que dejaba clara su postura: "La critica moderna –escribe– ha vaneggiato in proposito, attribuendo ai Bizantini non solo l'esaltazione della voluntas ma tutta la costruzione dommatica delle figure del diritto testamentario fatta in base alla volontà[10]. Lo cual, en su opinión, había acaecido porque, por una parte, no se había prestado la suficiente atención a los textos genuinos, tanto jurídicos como no jurídicos, y, por otra, habían sido ignorados los resultados ya obtenidos por la investigación histórica a finales del siglo XIX, a saber, que la jurisprudencia de la época de Cicerón ya atribuía un importante papel a la voluntad en los actos jurídicos, volcada, como lo estaba por completo, "sotto la spinta delle dottrine filosofiche elle-

---

8 Ya en Ann. Palermo 12 (1929), 639 ss. V. también Gnomon 5, 65 ss.

9 Riccobono, Mel. Cornil II (1926), 348 ss.

10 Riccobono, l.c. en n. anterior, 357.

niche, a elaborare e ad animare la materia giuridica con l'analisi di elementi psicologici ed etici, i quali ad ogni azione umana, nella vita sociale e quindi nel diritto, danno una impronta particolare"[11]. En razón de ello, y por lo que hace a las pretendidas alteraciones textuales, concluye: "Dedurre, como fa la critica moderna dal rilievo dato in un testo alla voluntas, all'animus, alla mens la interpolazione del testo, e peggio ancora la falsificazione alla decisione, è vera sconsideratezza, sommamente pregiudizievole alla serietà delle indagini e dei risultati nel campo della storia e della dommatica"[12]. En nuestros días, podemos valorar con la adecuada perspectiva el mérito de haber escrito estas palabras en época de pleno apogeo de la *caza* de interpolaciones y varios años antes de que Niedermayer descubriese y diese a conocer la *Textstufenforschung*[13]. Por lo demás, habría de contar el criterio de Stroux *y* Riccobono con otros ilustres seguidores como –desde luego, con matices diferenciadores notables– Maschi[14], Wenger[15], Voci[16] o Kirch[17].

En el lado opuesto se sitúan los romanistas que rechazaron la integración de retórica y derecho en las creaciones de los juristas clásicos. Su tesis, frente a la de Stroux, y prescindiendo de diferencias no sustanciales, viene a ser la siguiente: a) La jurisprudencia clásica no se interesó, a efectos de hermenéutica negocial, por la *voluntas*, elemento de naturaleza psicológica y, por lo tanto, interno y no constatable; lo propio del derecho son los *verba*, las palabras expresadas por el sujeto del acto jurídico; b) por ello, los juristas siguieron la *interpretación típica*, en tanto que la denominada *individual* es propia de los retóricos; c) la alusión en las obras jurídicas a la *voluntas* y restantes conceptos análogos es, fundamentalmente, el resultado de alteraciones textuales tardías y, sobre todo, justinianeas[18].

---

[11] Riccobono, ibid.
[12] Riccobono, l.c., 360.
[13] Niedermayer, Atti Roma I (1934), 358 ss.
[14] Maschi, Studi giuridici sull'interpretazione dei legati (1938), 38 ss.
[15] Wenger, Quellen (1953), 235 ss.
[16] Voci, Diritto ereditario romano II (1963), 963 ss.
[17] Kirch, Festg. Simonius (1965), 200 ss.
[18] Cfr. Tellegen-Couperus, l.c. en n. 4, 168.

Ya he aludido a Beseler como representante genuino de esta posición[19], lo que está en estrecha relación con su otro gran apasionamiento doctrinal, esto es, las interpolaciones de los textos. Este mismo engarce intelectual entre el acentuado interpolacionismo y el rechazo de cualquier interferencia entre retórica y derecho se manifiesta en otro gran clásico de la romanística, E. Albertario, quien, como es sabido, sostuvo, en defensa de su posicionamiento a favor de las alteraciones en los textos clásicos, una famosa polémica con S. Riccobono[20]. Y contaría, además, este criterio doctrinal de aislamiento del método jurídico respecto del pensamiento retórico con otros ilustres seguidores, a partir, desde luego, de puntos de vista y planteamientos bastante heterogéneos. Recordaré a este respecto, y a título de ejemplo, a Pringsheim[21], Giuffrè[22], Wieacker[23] y Torrent[24].

La idea que desde la perspectiva de nuestros días me propongo desarrollar parte de una constatación previa: La investigación moderna, y muy en especial la *Textstufenforschung*, ha acreditado

---

19 Además de los trabajos ya cit. en n. 2 y 3, v. como ejemplo significativo, su posicionamiento en St. Bonfante (1929-30) II, 82 ss. de rechazo a la autenticidad de los textos que reflejan el argumento retórico del *color insaniae* en relación con la inoficiosidad testamentaria (cfr. Quintiliano, *Inst. orat.* 9, 2, 9). También, sus didácticas observaciones sobre "Auslegung", en Juristische Miniaturen (1929, reimp. 1987), 52-61.

20 De entre los diversos escritos de Albertario acerca de la cuestión, son marcadamente representativos los siguientes: St. Bonfante I, 609 ss.; Glossemi e interpolazioni pregiustinianae, Atti Roma I (1934), 385 ss. y Studi V, 377 ss., en relación con la manipulación textual que considera llevada a cabo, sobre todo, en las escuelas orientales postclásicas (en realidad, mucho más limitada: cfr. Wieacker, Festg. Johannes Sentis. Beiträge zur europäischen Rechtsgeschiche und zum geltenden Zivilrecht, 1977, 53-89); Introduzione storica allo studio del diritto romano giustinianeo (1935), sobre interpolaciones justinianeas y el escenario histórico-jurídico en que éstas se produjeron. La posición prudente de Riccobono se refleja en los escritos recogidos por Baviera, St. Riccobono (1936), CIII (v., en esp., *ibid.* XXVIII ss.); cfr. IVRA 1 (1950), 12 ss.

21 Pringsheim, LQR 49(1933), 43 ss., 379 ss. (el mismo trabajo, Animus in roman Law, en Gesammelte Abhandlungen I, 1961, 30 ss.); SZ 78 (1961), 1ss.

22 Guifrè, en rel. con la causa Curiana, L'utilizzazione degli atti giuridici mediante "conversione" in diritto romano (1965), 120 ss.

23 Wieacker, Antologia giuridica romanística ed antiquaria 1 (1968), 111 ss.

24 Torrent, AHDE XXXIX (1969), 173 ss.

la básica estabilidad de los textos clásicos en el periodo postclásico, salvo en algunos momentos históricos concretos (fundamentalmente las épocas de Diocleciano y Constantino, por una parte, y de la Ley de Citas, por otra)[25], y también la limitada dimensión, tanto cuantitativa como cualitativa, de las alteraciones romanoorientales y justinianeas[26]. Por lo tanto, a la vista de la correlación "interpolacionismo-aislamiento del método jurídico de los clásicos", y "no interpolacionismo –apertura de dicho método a influencias externas, v.g., retóricas", debería en la actualidad flexibilizarse, al menos, el criterio según el cual el pensamiento jurídico se formó y desarrolló en el periodo republicano–clásico de manera independiente respecto de otras manifestaciones culturales[27], y admitirse, como por otra parte resulta mas natural, una cierta ósmosis entre éstas y aquél[28]. El

---

[25] Por razón del surgimiento de "arquetipos" (cfr. J. Delz, Textkritik und Editionstechnik, en Einleitung in die lateinische Philologie, herausg. F. Graf, 1997, 56 ss.) en el curso de la historia textual: sobre ello, fundamental, Wieacker, Textstufen klassischer Juristen (1960), Cap. IV y VI. Para detalles sobre el cambio de técnica editorial (del *volumen* al *codex*) que, en el tránsito de los siglos III al IV d.c., favoreció la formación de tales arquetipos, v., además, Betancourt, Derecho Romano Clásico, 2ª ed. (2001), 85 ss.

[26] Cfr. Wieacker, SZ 91 (1974), 1 ss. y, en reflexión conclusiva sobre concordancias y diferencias metodológicas entre *su* Textstufenforschung y el "nuevo conservadurismo" que propugnara Kaser, pags. 38-40.

[27] Paradigmática, en este sentido, la famosa *Isolierung* de Schulz, Prinzipien (1934), 13 ss., para quien los juristas romanos practicaron desde los comienzos de su actividad el (la) "Scheidekunst", a partir de lo cual "zunächst handelt es sich darum, das recht vom Nichtrechte zu sodern, das Gebiet des rechts abzustecken und die Rechtsordnung zum selbständige System zu entwickeln" (*ibid.*, 14).

[28] V., sobre este punto, las certeras apreciaciones de Bretone, Storia del diritto romano (1991), 287 ss.: es cierto que el rígido formalismo de los pontífices y de los primeros juristas laicos, y su predilección por los formularios, contribuyeron a la formación de una mentalidad y un lenguaje técnicos, y que, en consecuencia, la jurisprudencia se nos presenta como una gran obra colectiva de unos juristas que constituyeron un "ceto professionale", cuyos escritos denotan características comunes y cuyo estilo es "un'*arte appresa* che si impone all'individuo e lo vincola all'osservanza di criteri consolidati" (pag. 288); pero nada de ello obsta a la constatación de que "il pensiero giuridico tardo-repubblicano e classico si muove su un altro terreno –en contraposición a los juristas más antiguos–e applica i suoi metodi di derivazione ellenistica a una rete di rapporti e di instituti che hanno ormai come sfondo, oltre la comunità cittadina, la koinè mediterranea" (pag. 287). También, el

avance de la ciencia romanística ha venido, en definitiva, a avalar la visión certera de S. Riccobono, frente a la –también comprensible en las coordenadas de su tiempo– de E. Albertario. Pero, en materia de hermenéutica de los juristas clásicos, no se han extraído todas las consecuencias de esta constatación.

Creo que un enfoque correcto de la cuestión requiere, en la actualidad, admitir algunos postulados iniciales, a saber:

a) Los juristas clásicos consideraban en sus resoluciones, en efecto, la *voluntas* y nociones análogas (*animus*, *mens*, *sensus*). La diafanidad de los numerosos textos a este respecto resulta incontestable.
b) Como ya advirtiera Biondi, *voluntas*, o *animus*, en modo alguno significa para los clásicos la voluntad interna o intención no expresada, de naturaleza, por lo tanto, psíquica, del sujeto del acto jurídico[29]. Esta voluntad nunca fue, para los romanos, generadora de efectos jurídicos[30].
c) Los juristas clásicos ignoran la oposición *verba-voluntas*, tal como modernamente, a partir de la Pandectística[31], ha

---

apartado "Diritto, filosofia e arti liberali", pags. 164 ss., en donde concluye: "La giurisprudenza è senza dubbio una disciplina specialistica; ma la *specializzazione* non vuol dire isolamento, e si determina in un quadro complesso, dove convivono scelte umanistiche e scelte técnico –razionalistiche. Comunque sia, il differenziarsi delle competenze e dei ruoli non annulla il problema del loro rapporto, e questo può risorgere anche quando più sembra accentuarsi il tecnicismo del discorso giuridico" (pag. 167). Para la influencia, como significativo ejemplo, del trasfondo cultural y científico del siglo II en la formación y obra de Pomponio, v. Stolfi, E., Studi sui "Libri ad edictum" di Pomponio II, Contesti e pensiero (2001), 3 ss. y el análisis que de esta obra completa (tomos I y II) realiza E. Bund, SZ 122 (2005), 271 ss. Sobre la evolución, a lo largo del periodo republicano, hasta la apertura jurisprudencial a la influencia helenística y el fundamental papel desempeñado en este proceso por Publio Mucio Escévola y su hijo Quinto Mucio, detalladamente, A. Fernández de Buján, Derecho Público Romano (2010), 143 ss.

[29] Biondi, Istituzioni de Diritto romano (1956), 174.

[30] Cfr. Biondi, ob. cit., 172.

[31] V., como representativa, la construcción de Windscheid-Kipp, Lehrbuch des Pandektenrechts, 9 Aufl. (1906, reimp. 1963), para quienes la "Wirklichheit des erklärrten Willens" (esto es, la correspondencia entre la declaración y la voluntad interna) se configura como un requisito autónomo de la validez negocial (pags. 320, 376 ss.); criterio que se remonta al propio Savigny, System III, § 134 (pag. 376, n. 1).

sido configurada. La contraposición, como direcciones hermenéuticas, *interpretación típica-interpretación individual* era desconocida para ellos y, en consecuencia, nosotros debemos superarla. Es ésta una idea básica, imprescindible como punto de arranque de cualquier investigación fecunda sobre la hermenéutica negocial de los juristas clásicos, que ha sido destacada con acierto por uno de sus mejores conocedores modernos, G. Gandolfi[32], quien resume asi sus razones: "...non solo perché da queste categorie risulta configurata una contrapposizione dogmatica che, nel suo rigido schematismo, appare artificiosa e quindi inaccettabile. Ma anche e soprattutto perché è indubbio che il linguaggio multiforme della realtà negoziale, o il contesto storico nel quale essa si inserisce, non sempre sono così chiari ed univoci che la funzione dell'interprete possa esaurirsi nell'esclusiva applicazione dell'uno o dell'altro dei canoni esegetici in cui le predette antitesi si risolvono[33]. Comparto, desde luego, este criterio, pero deseo añadir otra razón aun más categórica: la supuesta alternativa dialéctica *verba-voluntas*, además de carecer de la señalada base histórica en el periodo clásico, resulta imposible desde el punto de vista lógico. Sólo sería lógicamente viable si por *voluntas* se entendiese esa voluntad interna, de índole puramente psíquica, que es, en todo caso, noción ajena al pensamiento de los juristas clásicos. Más adelante argumentaré sobre este punto.

d) No hay *conceptos retóricos* supuestamente incompatibles con los conceptos y metodología del derecho, puesto que la retórica carece de un contenido conceptual sustantivo que le sea propio. Aristóteles es claro a este respecto cuando manifiesta que el campo de la retórica es común a todos los ámbitos del conocimiento, sin que se corresponda con

---

32 Gandolfi, Studi sull'interpratazione degli atti negoziali in diritto romano (1966), 135 ss., 271 ss.; St. Scherillo I (1972), 29. En el mismo sentido, Wieacker, l.c. en n. 23, 133-134.

33 Gandolfi, St. Scherillo cit. en n. anterior, *ibid.*

ninguno de ellos en particular[34]. Lo que sí puede haber es una *utilización retórica* de los conceptos jurídicos o de los pertenecientes a cualquier otra ciencia o al uso ordinario, dirigida a lo que constituye el objetivo retórico por excelencia, esto es, la persuasión del auditorio o de los interlocutores en el discurso[35]. Así pues, *voluntas* no es, en sí, un concepto retórico y, por ello, ajeno a las concepciones jurídicas, sino un término que utilizaron los juristas en un determinado sentido, que no coincide, desde luego, con el que adquiere en la artificiosa contraposición *verba-voluntas*, o *scriptum-voluntas*, la cual sí es un *status* retórico (legal), conforme a la teoría dirigida a la estructuración argumental del discurso que había impulsado Hermágoras de Temnos y es recogida por Cicerón[36]. Ahora bien, la existencia de tal *status*, cuya función retórica consiste en constituir formalmente uno de los puntos de necesaria consideración en el discurso y que plantea una alternativa excluyente en cuya virtud resulta necesario dotar al término *voluntas* de un sentido psicológico e íntimo del sujeto (*lo querido y no exteriorizado*, frente a *lo exteriorizado y no querido*), en modo alguno se interfiere ni condiciona la distinta noción de *voluntas* propia de la jurisprudencia, no contrapuesta a la expresión negocial, y necesaria, como expondré en este estudio, para la efectividad del derecho a través del

---

[34] Aristóteles, Ret. I, 1354ª, 1ss. Me refiero a un "contenido conceptual sustantivo", no, obviamente, a las numerosas nociones metodológicas o instrumentales, como, v.g., *quaestio, status, loci, inventio*, etc.

[35] Aristóteles, Ret. I, 1355b, 25; Top. I, 101b, 5ss. Para el origen, naturaleza y funcionalidad del *ars rhetorica*, v. Guzmán Brito, A., Historia de la interpretación de las normas en el Derecho romano (2000), 373 ss. y la bibliografía por él citada. Sobre este completo, claro y erudito libro, v. la extensa recensión de F. Cuena Boy, Index 33 (2005), 7 ss.

[36] Cicerón, Top. XXV, 93. Sobre el influjo de esta teoría en la jurisprudencia, restrictivamente, Wesel, Rethorische Statuslehre und Gesetzauslegung der römischen Juristen (1967), en esp. 133 ss.; Horak, Festg. Herdlitczka (1972), 121 ss. En general, sobre el desarrollo de la retórica en Roma, Clarke, M.L., Rhetoric at Rome (1953) y sobre el sistema de Hermagoras de Temnos y los diferentes status, A. Guzmán, Historia de la interpretación..., 375 ss.

agere procesal. En definitiva, los distintos objetivos que el derecho y la retórica persiguen y, en consecuencia, sus diferentes métodos, pueden imponer este tipo de matices diferenciales de sentido, pero *voluntas* y otros conceptos análogos no pertenecen en exclusiva a una u otra de estas disciplinas, ni las mismas constituyen compartimentos estancos de la cultura antigua[37]. Seguir entendiéndolo así, estoy de acuerdo con O. Tellegen-Couperus[38], es en nuestros días un anacronismo.

[37] Esta concepción de los "compartimentos estancos" al considerar la relación entre retórica y derecho es análoga a la sostenida en el campo de la historiografía al plantearse las conexiones entre retórica e historia y considerarse que los objetivos que persiguen el historiador y el retórico son incompatibles. M. Fox (The Journal of Roman Studies, Vol. XCI, 2001, 76 ss.) ha tratado sobre el origen de esta idea, ajena al pensamiento antiguo: "If rhetoric and history are in our minds opposed –se pregunta– how did they come to be so, when a cursory look at ancient historiography suggests that in antiquity they were not?" (pag. 76). Él ve, con todo, un precedente de la concepción moderna en la perspectiva en que se sitúa Luciano de Samósata, frente a la de Dionisio de Halicarnaso, prototipo de la percepción antigua.

[38] Tellegen-Couperus, l.c. en n. 4, 170. Ya en la época de plena efervescencia de la posición extremada, constituye un criterio marcadamente más equilibrado en de Vonglis, La Letrre et l'espirit de la loi dans la jurisprudence classique et la rhetorique (1968), en esp. 201 ss. Algunos conceptos *técnicos* fueron desarrollados por la jurisprudencia con un sentido muy próximo al que habían adquirido en el campo retórico; así, v.g., el de *translatio iudicii* que aparece en D. 3, 3, 17 *Ulp. lib. nono ad ed.* y D. 9, 4, 15 *Gaius lib. sexto ad ed. prov.* coincide, en esencia, con el reflejado en Rhet. ad Herennium, 1, 12, 22.

— 1 —
DERECHO CLÁSICO: MODELO DE LA ACCIÓN Y NATURALEZA DEL ACONTECIMIENTO MATERIAL.

Una realidad en principio tan conocida y repetida como que el derecho romano clásico es un *sistema de acciones* no siempre es tenida en cuenta, sin embargo, a la hora de abordar y tratar de comprender determinados problemas que, marcadamente *dogmatizados* en nuestra época por la inercia pandectista, eran considerados de manera bastante distinta por los juristas clásicos. Es ésta una de las ideas favoritas de uno de los mas relevantes romanistas del siglo XX, A. d'Ors, quien desde los comienzos de su trayectoria científica insistía sobre ella: "... el romanista –manifiesta– debe esforzarse en ver las cosas como las veían los romanos, es decir, en tratar históricamente la materia de su estudio"[39], lo que exige contemplar cada determinado problema "como debemos mirar todos los problemas de derecho romano, esto es, desde el punto de vista procesal"[40]. Podremos entender de esta manera que, en la perspectiva de los juristas clásicos, "la naturaleza de los derechos no interesa; lo que interesa es su realización, su efectividad"[41], razón por la cual "lo que debemos indagar no es qué *naturaleza* tiene una determinada relación jurídica, sino qué *acciones* surgen de ella"[42].

Creo, en este orden de ideas, que la consideración del acto jurídico desde el ángulo procesal, esto es, desde la perspectiva de las

[39] d'Ors, A., Rev. Der. Priv. Num. 322 (1944), 9.

[40] d'Ors, A., loc. cit., 10.

[41] d'Ors, A., loc. cit., 3.

[42] d'Ors, A., loc. cit., 4.

acciones que amparan las relaciones jurídicas a que aquellos actos dan lugar y, sobre todo, desde la estructuración literal de sus correspondientes fórmulas, puede proporcionarnos una valiosa clave para la indagación en materia de hermenéutica negocial y sobre el sentido y el papel de la *voluntas* para la jurisprudencia clásica. Y una concreta noción técnica adquiere, a este respecto, especial importancia: la *tipicidad* de la fórmula[43]. Ésta contiene, en efecto, en su *intentio* o, eventualmente, en su *demonstratio*, una descripción sencilla pero absolutamente precisa de un acontecimiento perteneciente a una determinada categoría o *tipo* de acontecimientos, de cuya materialización *pretérita* y *real* (lo que habrá de ser constatado por el juez en la fase *apud iudicem*) hace depender el magistrado –fundamentalmente mediante las expresiones *si paret, si non paret*– la consecuencia jurídica prevista en la *condemnatio* (*condemnato, absolvito*). Esta tipicidad caracteriza a las diferentes fórmulas y sobre ella se articula todo el derecho clásico[44], en el que la posición jurídica de las personas a consecuencia de las distintas relaciones viene decantada por la redacción de las fórmulas correspondientes[45]. Las fórmulas establecen, por lo tanto, *modelos de exigencia formal*[46], de tal manera que sólo la materialización real y empírica de hechos que se ajusten con exactitud a dichos modelos dará lugar a la consecuencia prevista en la propia fórmula. Se trata de una relación *modelo-realidad* análoga a la diseñada modernamente por la doctrina clásica del Derecho Penal entre las nociones *Tatbestand* y *Sachverhaltung*: el "injusto

---

[43] Por todos, v. Wenger, Institutionen des römischen Zivilprozessrechts (1925), 125 ss., no obstante la extrañeza que hoy pueda producirnos su alusión, de clara inercia pandectista, a la protección, por medio de las fórmulas, de "derechos subjetivos" fundados bien en el ordenamiento civil, bien en el edicto del pretor; Kaser, Das römische Zivilprozessrecht (1996), 308 ss.; d'Ors DPR (2004), 127.

Sobre el pensamiento jurídico romano y la noción de "derecho subjetivo", v. N. Rampazzo, RIDA LIV (2007), 379 ss. y bibliografía cit. en sus n. 3, 4 y 5, pags. 379-381.

[44] Por lo que supone un factor de estabilidad del sistema jurídico, de *redundancia*, conforme a la sugestiva construcción de N. Luhmann (Das Recht der Gesellschaft, 1993) sobre el esquema biológico de contraposición "*redundancia-variedad*". Cfr. Bretone, Materiali per una Storia della Cultura Giuridica XXXI, N. 2 (2001), 301.

[45] d'Ors, loc. cit. en n. 43.

[46] En principio, antes de su aplicación al caso, de carácter abstracto: cfr. Fuenteseca, P., Investigaciones de derecho procesal romano (1969), 77.

tipificado"[47] constituye un modelo de exigencia formal al que deberá adecuarse con entera fidelidad la conducta real de un determinado sujeto para que tenga lugar la consecuencia jurídica (punitiva, en este caso) prevista en la propia norma.

Así pues, por cuanto las fórmulas procesales establecen *modelos de exigencia formal* a los que deben ajustarse con precisión determinados *acontecimientos reales, externos y constatables*, examinaremos a continuación las fundamentales variedades de dichos modelos y de los acontecimientos reales que deben tener lugar en rigurosa coherencia con cada uno de aquéllos, a saber:

a) Cabe, en primer lugar, que el modelo de exigencia formal se configure mediante la alusión a un *derecho*. Tal es lo que sucede en las fórmulas civiles *in ius conceptae*, como, v.g., las correspondientes a la *actio certae creditae pecuniae*[48] o a la *rei vindicatio*[49]. En la primera de ellas, en efecto, dicho modelo se integra por la evocación de un derecho y de los sujetos implicados en el mismo, es decir, su titular, en el lado activo, y la persona que debe satisfacerlo, en el pasivo, e incluye, además, la mención del objeto de aquel derecho, esto es, la cantidad dineraria correspondiente; comprendiéndose el modelo, en su totalidad, en la *intentio*:

> "...*Numerium Negidium Aulo Agerio sestertium decem milia dare oportere*,..."[50].

A partir de este tenor, y para que se produzca la consecuencia condenatoria, debe haberse *realizado* un acontecimiento material preciso, de

---

[47] Mezger, E., Strafrecht I. Allgemeiner Teil. Zweite Auflage (1948), 75:"Tatbestand im engerem Sinne ist also nur das *typisierte Unrecht*, an das die Strafordung des Gesetzes anknüpft".

[48] Lenel, EP § 95-2. Para la denominación *condictio*, Robbe, SDHI 7 (1941), 35 ss. También, ocasionalmente, *actio pecuniae creditae* (D. 14, 3, 19, 3 *Pap. lib. tertio resp.*; D. 20, 5, 12, 1 *Tryphon. lib. oct. disp.*) o *actio pecuniae debitae* (D. 15, 1, 58 *Scaev. lib. quinto dig.*). Un tratamiento global de su problemática v. en Saccoccio, A., "Si certum petetur". Dalla "condictio" dei "veteres" alle "condiciones" giustinianee (2002), y sobre esta extensa obra, Piro, L. Labeo 48 (2002), 294-296.

[49] Lenel, EP § 69; Cicerón, Verr. 2, 2, 31; D. 6, 1; C. 3, 32. Dos exposiciones generales precisas y técnicas son las de Kunkel/Selb, RR (1987), 535 ss. y Marrone, ED 31 (1989), 1 ss.

[50] G. 4, 41.

una de estas dos clases: Puede haber consistido dicho acontecimiento en el pronunciamiento, por los *mismos* sujetos aludidos en la fórmula, de las palabras rituales conformadoras de un negocio jurídico solemne originador del derecho, una *stipulatio certi*[51], y justamente siendo el estipulante quien en el modelo de la fórmula aparece como titular del derecho, el promitente quien figura como constreñido por el mismo y la cuantía exacta de la suma prometida la expresada en aquel modelo.

El pronunciamiento de tales palabras solemnes llevado a cabo con estas características es en sí mismo, en efecto, un acontecimiento material, externo, de naturaleza fáctica y, por lo tanto, constatable por el *iudex* mediante la actividad probatoria[52], constatación ésta que condicionará la condena, de conformidad a las instrucciones del pretor ("*si paret...*")[53].

Pero también es posible que el acontecimiento material haya consistido en una determinada *actuación* generadora del derecho, llevada a cabo por los sujetos mencionados en el modelo formulario, como la *entrega* de la precisa cantidad de dinero, v.g., una *mutui datio* o una *datio ob causam*, por parte del actor y su *recepción* por el demandado[54]. Se trata en este caso, igualmente, de un hecho real susceptible de comprobación en la fase *apud iudicem*, que supone el nacimiento de un derecho a la devolución de la cantidad entregada en favor de quien la ha dado y a cargo del receptor, y que es el *elemento material* complementario del *modelo formal* previsto en la fórmula. En definitiva, encarga el magistrado al juez que condene *si ese demandado debe a ese actor la suma X*, con lo que configura el modelo hipotético al que la realidad ha de

---

[51] Por cuanto es fuente de obligaciones "verbis" (G. 3, 92-93), que *non potest confici nisi utroque_loquente* (D. 45, 1, 1 pr. *Ulp. lib. quadrag. octavo ad Sab.*). V. Düll, SZ 68 (1951), 191 ss. y, en concreto sobre la forma, Nicholas, LQR 69 (1953), 53 ss., 233 ss.

[52] Sobre la prueba, desde una amplia perspectiva conceptual, Miceli, M., Index 26 (1998), 241 ss., y en esp. sus reflexiones relativas a la supuesta "naturaleza retórica" de la actividad probatoria, pags. 250 ss.

[53] Característico "Rechtspflegeakt" integrante de la *iurisdictio*: cfr. Wieacker, Römische Rechtsgeschichte 1 (1988), 429.

[54] Me refiero, claro es, a los supuestos de *numeratio* o entrega material, no a los atinentes a otros "*singularia recepta circa pecuniam creditam*" (o, mejor, con F^2 y S, *singularia praecepta*: cfr. Mommsen, *ed. maior*, D. 12, 1, 15 *Ulp. lib. trigensimo primo ad ed.*). V. Von Lübtow, Synteleia Arangio-Ruiz 2 (1964), 1212 ss.

adecuarse para que se produzca la consecuencia jurídica condenatoria[55]. Este modelo se estructura, por lo tanto, mediante la alusión a un *derecho* que (hipotéticamente) asiste a un *determinado sujeto* frente a otro *determinado sujeto*, y sobre un *determinado objeto*. En consecuencia, el *acontecimiento material* complementario de un tal modelo ha de consistir en un *hecho real, externo y constatable a través de la prueba*, al que se vincule necesariamente la generación de aquel derecho[56]. Y este *factum* debe integrarse de manera ineludible por tres componentes: En primer lugar, unas palabras solemnes, o una concreta actuación, que, en tanto acontecimientos del mundo exterior, de naturaleza física, son susceptibles de comprobación; además, las palabras han de haber sido pronunciadas, o los actos ejecutados, por los sujetos identificados en la fórmula y no por otros, y con un preciso reparto de palabras o actos entre quien figura como actor y quien lo hace como demandado; y, finalmente, la cantidad de dinero prometida o, en su caso, desplazada debe ser exactamente coincidente con la expresada en el modelo formulario.

Similar, en cuanto alusivo a un derecho, es el modelo de exigencia formal configurado en la fórmula de la *rei vindicatio*, con la obvia diferencia de que, dado el carácter de ésta de *actio in rem*, dicho modelo, igualmente contenido en la *intentio*, se refiere solo al sujeto titular de aquel derecho[57]:

> "*... rem qua de agitur ex iure quiritium Auli Agerii esse, ...*"[58].

---

[55] Conforme al modelo discursivo del primero de los axiomas, o *indemostrables*, atribuidos a Crisipo, esto es, que ante una implicación, dado su antecedente ha de tener lugar el consecuente: Sexto Empírico, *Pyrr. Hyp.* II, 156-157. Téngase en cuenta que los indemostrables, a más de esquemas argumentales, lo son también, en general, de razonamiento hipotético: Diógenes Laercio, *De clarorum philosophorum vitis*, VII, 79.

[56] Su constatación permitirá al juez, en efecto, afirmar el presupuesto establecido con carácter hipotético por el pretor, fijando, en tal caso, la premisa menor del esquema de raciocinio, que es de naturaleza silogística: Diógenes Laercio, *De clarorum philosophorum vitis*; VII, 78.

[57] Diferencia formal que configura, en su origen, la distinción entre derechos reales y derechos personales: cfr. D'Ors, DPR (2004), 132; Kaser, Das römische Zivilprozessrecht (1996), 326 ss.

[58] G. 4, 41, con "*hominem*" en lugar de "*rem qua de agitur*". Sobre la ausencia de mención alguna a la *causa* adquisitiva del derecho del actor, v. Gamauf, R., Beweislast und Prozessvorbereitung im Formularverfahren, conforme a la

Lo que se exige es, pues, que un *determinado sujeto* tenga el derecho de propiedad quiritaria sobre un *determinado objeto*; con lo que el *acontecimiento material* coherente deberá haber consistido en un *hecho del mundo real, externo y constatable,* que haya dado lugar al surgimiento de aquel derecho. Y con frecuencia, aunque no exclusivamente[59], un tal hecho será o bien el pronunciamiento de palabras y ejecución de ritos solemnes conformadores de una *mancipatio* o *in iure cessio*, o bien una *actuación* no formal que haya convertido en propietario civil al sujeto reclamante, esto es, la recepción material de la cosa en ocasión de entrega causal llevada a cabo por otro sujeto (*traditio ex iusta causa*)[60], todo ello, claro es, en relación con el objeto *identificado* en el modelo formulario. También en estos supuestos las palabras y ritos solemnes o la referida actuación no formal son hechos físicos, que han alcanzado, en su caso, *existencia material*

---

noticia de J. Platscheck sobre el "Simposio sul processo civile romano per Karl Hackl", organizado el 25 de enero de 2002 por la Rechtswissenschaftliche Fakultät, el Institut für österreichisches und europäisches Privatrecht y el Max-Kaser-Seminar für Römisches Recht de la Universidad de Salzburg, Index 30 (2002), 545.

[59] V. g., en los supuestos de adquisición hereditaria, una de las *sex fere res* que, en expresión de Varrón (*De re rust.* 2, 10, 4) referida a las exigencias del resultado traslativo, *dominium legitimum perficiunt*. Mediante legado vindicatorio, en concreto, *post aditam hereditatem statim ex iure Quiritium res legatarii fit; et si eam rem legatarius vel ab herede vel ab alio quocumque qui eam possidet petat, vindicare debet, id est intendere suam rem ex iure Quiritium esse* (G. 2, 194). V. Amirante, IVRA 3 (1952), 249 ss. Un caso singular representa la *in iure cessio*, por cuanto de su ritual adquisitivo del dominio forma parte –y, ciertamente, esencial– una declaración solemne, la *addictio*, que no proviene de los sujetos cedente o cesionario, sino del magistrado. Precisamente, esta forma de conclusión del acto ritual constituye, como certeramente ha destacado A. Fernández de Buján, Derecho Privado Romano (2010), 62, "un argumento relevante para mantener el caracter jurisdiccional de la *in iure cessio* en las épocas republicana y clásica"; carácter jurisdiccional en cuya defensa se posiciona de manera convincente este autor frente a las opiniones doctrinales divergentes: cfr., sobre todo ello, ob. cit., 59 ss.

[60] Siempre que se trate, naturalmente, de una *res nec mancipi* y concurra en el *tradens* la *potestas alienandi*, con lo que la propiedad se adquiere *statim*: G. 2, 20. Sobre *traditio ex iusta causa,* v. los magistrales compendios de Rabel, Grundzüge des römischen Privatrechts (1955), 66 ss., y Kunkel/Mayer-Maly, RR (1987), 156 ss., éste con imprescindibles referencias doctrinales.

y que, por lo tanto, pueden, en principio, ser constatados por el *iudex*[61].

b) Puede también caracterizarse el modelo formulario de exigencia formal por la descripción de una determinada *conducta*, llevada a cabo por las concretas personas que intervienen en el proceso y sobre un delimitado objeto. Es lo que sucede, v.g., con la *actio depositi* en sus dos versiones[62], o con la *actio negotiorum gestorum*[63]. En la *actio depositi in factum concepta* dicha conducta, descrita en la *intentio*, consiste en el depósito por parte del actor, y bajo el cuidado del demandado, del objeto que se especifica, y concurriendo la circunstancia de que tal objeto, dolosamente[64], no haya sido devuelto por éste a aquél:

> "... *Aulum Agerium apud Numerium Negidium mensam argenteam deposuisse, eamque dolo malo Numerii Negidii Aulo Agerio redditam non esse,...*".

En el caso de la *actio depositi in ius concepta* la conducta-modelo es esencialmente la misma, con dos particularidades, a saber, que la cláusula *ex fide bona* excusa de la referencia a la no devolución dolosa, y que la descripción de esta conducta, por obvias razones

---

61 Empleo la expresión "ser constatados" en un sentido limitativo, excluyente, en la función judicial, de cualquier actuación inquisitiva, pese a apreciaciones como las de W. Turpin, RIDA XLVI (1999), 500, quien alude, como integrante de dicha función, a la "investigation of facts" o I. de Falco, Labeo 45 (1999), 485 n. 15, a cuyo entender "l'autonomia di cui il iudice era investito poteva probabilmente consentirgli di non conformarsi agli orientamenti (...) e ai suggerimenti dei giuristi, qualora la situazione concreta lo richiedesse". Ambas expresiones habrían debido ser matizadas para dejar clara, en todo caso, su no afectación al principio dispositivo.

Sobre la responsabilidad del juez, v. R. Scevola, La responsabilità del *Iudex Privatus* (2004), con una muy buena "lectura" de las fuentes, y las recensiones de G.. Wesener, SZ 125 (2008), 932 ss. y A. Guasco, Index 36 (2008), 409 ss.; y sobre su perfil sociológico, de conformidad a los testimonios literarios, L. Gagliardi, RIDA 55 (2008), 241 ss.

62 G. 4, 47.

63 La fórmula *in ius concepta* y *ex fide bona*, en Lenel, EP § 35; v. los títulos *De negotiis gestis* en D. 3, 5 y C. 2, 18 (19).

64 Sobre el elemento doloso, por ej., y además de la referencia de Gayo, D. 16, 3, 1, *Ulp libro trigensimo ad ed.*, en diversos parágrafos (v.g., 15, 16, 32); D. 16, 3, 22 Marcell. *libro quinto digestorum* y, en relación con este fragmento, Evans-Jones, RIDA 33 (1986), 117 ss. También, *Paul. Sent.* 2, 12 y *Coll.* 10, 7, 6.

de estructura formularia, no se contiene en la *intentio*, sino en la *demonstratio*[65]:

> "*Quod Aulus Agerius apud Numerium Negidium mensam argenteam deposuit,...*".

El *acontecimiento material* que ha debido producirse para que, en precisa correspondencia con el modelo formulario, tenga lugar la consecuencia condenatoria resulta así nítidamente decantado, a saber, una *actuación material* llevada a cabo por los *mismos* sujetos designados en la fórmula, consistente en una entrega en guarda realizada por quien figura como demandante y una correlativa recepción por parte de quien figura como demandado, cuyo objeto ha de haber sido la *misma* cosa señalada en aquel modelo. Al tratarse, obviamente, de un hecho real y externo, es susceptible de comprobación por parte del *iudex*, tanto en lo que hace a su misma existencia, como a que sus características tengan encaje riguroso en el modelo contenido en la formula[66].

Por lo que hace a la *actio negotiorum gestorum* (directa), la conducta-modelo viene descrita en la *demonstratio* y consiste en la gestión de negocios del demandante por parte del demandado[67]:

> "*Quod Numerius Negidius negotia Auli Agerii gessit, ...*".

---

[65] Para la cuestión de esta duplicidad formularia, Burillo, SDHI 28 (1962), 233 ss.; Maschi, St. Scherillo 2 (1972), 573 ss.; Castro Sáenz, Actas Iberoamericanas 7 (2001), 187 ss.; Klingenberg, en rec. a A. Bürge, Römisches Privatrecht (1999), SZ 118 (2001), 431. En la *a. depositi in ius concepta*, en el supuesto de no devolución dolosa, esto es, con quebrantamiento absoluto de la *bona fides* por parte del depositario, la condena, precisamente *ex fide bona* como criterio de responsabilidad del demandado, se presentaba al juez como inexorable: v., sobre el sustrato filosófico, significación jurídica y operatividad de la noción de *bona fides*, y su oposición al *dolus*, A. Fernández de Buján, El papel de la buena fe en los pactos, arbitrajes y contratos, 4, RGDR 15 (dic. 2010), www.iustel.com.

[66] Es un buen ejemplo de *res gesta*, respecto de la que importa, esencialmente, establecer su *veritas*: cfr. Calístrato, *libro secundo quaestionum*, D. 22, 4, 5, y, sobre ello, Castro Sáenz, Actas Iberoamericanas 6 (2000), 154-155. Una reflexión sobre el binomio "*verdad-persuasión del juez*", en Miceli, Index 26 (1998), 250 ss.

[67] Sobre el ámbito de este *gerere* y su evolución histórica, v., por todos, Sceiler, der Tatbestand der *negotiorum gestio* (1968) (rec. de Mayer-Maly, SZ 86, 1969, 416 ss.) y St. Kaser (1973), 195 ss.

Exige, por lo tanto, este modelo que haya tenido lugar un *acontecimiento material* consistente en una actuación (un *gerere*) llevada a cabo por el *mismo* sujeto contra el que se dirige la acción, y sobre negocios del *mismo* sujeto ahora demandante. Al tratarse, también en este caso, de una actuación fáctica, real y externa, puede ser constatada por el juez, con vistas a la apreciación de su coherencia con el modelo formulario, al efecto de que haya o no lugar a la consecuencia jurídica de condena prevista en la propia fórmula.

c) Finalmente, el modelo establecido en la fórmula puede consistir en un determinado negocio jurídico no solemne, realizado de la manera que se describe por quienes son partes en el proceso, y sobre el objeto al que igualmente se alude. Tomemos como ejemplos la *actio empti*[68] o la *actio mandati*[69]. En la *actio empti* el modelo de exigencia formal se contiene en la *demonstratio* y consiste en la compra llevada a cabo por el actor, y habiendo sido vendedor el demandado, del objeto referido:

> "... *Aulus Agerius de Numerio Negidio hominem quo de agitur emit,...*".

Así pues, en la realidad material, para que se produzca la consecuencia condenatoria del demandado, ha debido tener lugar una *compra* del *preciso* objeto aludido en la fórmula, y que haya realizado el *mismo* sujeto demandante del *mismo* sujeto demandado. Pero, ¿Qué es externamente una *compra*, un *emere*? ¿Cuál es el *acontecimiento material* cuya realidad habrá de constatar el *iudex* al objeto de entender que se ha configurado una *emptio*, que es una noción jurídica, un *ens rationis*[70], en definitiva? Cuando se está ante mo-

---

[68] Lenel, EP § 110 (111).

[69] Lenel, EP § 108.

[70] Puede considerarse así propiamente, pues, en relación con el mismo debate reflejado por Paulo en el libro 33 *ad ed.*, D. 18, 1, 1, 1, cabe decir que la razón considera *intentiones* (en el sentido escolástico medieval) que no extrae de la naturaleza de las cosas, sino que derivan de las consideraciones de la razón misma (cfr. Sto. Tomás de Aquino, *Met.* IV, 4, 574). En efecto, Sabino apoya su criterio en un testimonio literario de Homero *qui exercitum Graecorum aere ferro hominibusque vinum emere refert* (Iliada 7,472), con cuya interpretación discrepa el propio Paulo, por cuanto *hi versus permutationem significare videntur, non emptionem. sicut illi...* (Ilíada 6, 234);

delos de exigencia formal formularia alusivos a un *derecho* o a una *conducta*, los correspondientes acontecimientos materiales, a saber, las palabras o ritos solemnes *necesariamente* generadores de aquel derecho, o la *actuación fáctica* correlativa a la conducta descrita, tienen naturaleza de *hechos externos* directamente comprobables *per se*. Ahora bien, ¿Cómo llevar a cabo el cotejo entre lo acontecido en la realidad y la descripción contenida en el modelo cuando nuclearmente (sujetos y objeto aparte) éste menciona un acto jurídico, algo, por lo tanto, *de naturaleza conceptual*?

Un acto jurídico se materializa, o surge a la existencia, mediante *palabras* pronunciadas[71] por el sujeto o los sujetos que intervienen en el mismo. Además, en el caso de los negocios bilaterales de naturaleza consensual, la *expresión* que conforman dichas palabras debe, imprescindiblemente, ser expresión de un *consensus*. Así, la compraventa, noción esencialmente jurídica, es en su vertiente externa *la expresión, integrada por un conjunto de palabras, del consensus de comprador y vendedor*[72], expresión en la que la utilización del verbo *emere* viene a caracterizar el tipo negocial, concitando con nitidez el *consensus* de los sujetos sobre lo que están haciendo. No impor-

---

y aún alude a otro lugar en el que, con el mismo sentido, el poeta escribe sobre una compra "con sus bienes" (Odisea 1, 430). Con independencia de la reflexión que de inmediato suscita el discurso de Paulo sobre la osmosis entre el pensamiento jurídico y otros ámbitos culturales del mundo antiguo, interesa ahora fijar la atención en cómo el jurista concluye acogiendo el criterio de Nerva y Próculo, por cuanto *aliud est pretium, aliud merx*, aserto que, al no descansar en la "naturaleza de las cosas" (el dinero también es, desde la perspectiva natural, una *cosa* objeto de cambio) da lugar a una noción de *emptio*, separada de la permuta, como "ente de razón".

[71] O, en su caso, escritas o transmitidas: Paul. D. 18, 1, 1, 2; G. 3, 136. En relación con este extremos, v. la atinada reflexión de G. B. Ferri, RIFD 85 N. 2 (2008), 172: "E proprio y concetti, anche nella loro *dimensione* giuridica, sono *nomi*, *simboli linguistici* e, dunque, *parole*, in cui si esprime l'*armonia* dei *dati della vita*, ordinati in *schemi di pensiero* e designano, appunto, modelli e modi di organizzazione delle complesse, mutevoli e spesso caotiche storie nelle quali la realtà (sociale ed economica) si esprime".

[72] Esta idea resulta aun más clara si se piensa en el probable origen del contrato en el cruce de estipulaciones recíprocas, las cuales, al operar cada una como causa de la otra, desdibujaban su carácter abstracto, llegándose así a considerar innecesaria la forma: cfr. Arangio-Ruiz, La compravendita in diritto romano (1954), 57 ss. y d'Ors, DPR (2004), 551-553.

ta quién de ellos profiera la expresión, lo que puede hacer tanto el comprador ("*...est mihi emptus...*")[73], como el vendedor ("*...habebis emptum...*", "*...erit tibi emptus...*", " *...esto tibi emptus...*")[74], siempre, obviamente, con el asentimiento del otro; lo que sí resulta relevante es, por una parte, la *existencia real* de la expresión, inclusiva, claro es, de cosa y precio, y, por otra, la inherencia a dicha expresión del necesario *consensus* relativo al negocio mismo, a la cosa y al precio[75]. Sobre estos extremos, en definitiva, habrá de adquirir el juez la indubitada constancia, lo que, en principio, resulta factible, ya que el proferimiento de las palabras constituye un *acontecimiento material*, externo y, como tal, comprobable. En cuanto al *consensus*, en caso de duda sobre su concurrencia, se verá el *iudex* inmerso en una problemática no distinta en esencia a la suscitada por la determinación del *sensus* de expresiones unilaterales, en los supuestos en que ello resulte necesario. Se trata, pues, de una cuestión de índole fundamentalmente hermenéutica, de la que me ocuparé cumplidamente en las páginas que siguen, por cuanto constituye el objeto principal de este estudio.

El segundo ejemplo propuesto es la *actio_mandati*[76]. En ella el modelo formulario de exigencia formal viene expresado igualmente en la *demonstratio*, y consiste en un encargo de gestión, fundamentalmente de índole jurídica[77], dirigido por el sujeto que figura como actor a quien aparece como demandado:

"*... Aulus Agerius Numerio Negidio mandavit ut...*"

---

[73] D. 18, 1, 34, 6 *Paul. lib. trigensimo tertio ad ed.*; D. 18, 1, 64 *Iavol. lib. secundo epistolaum.*

[74] Respectivamente, D. 18, 1, 35, 1 *Gai. lib. decimo ad ed. prov.*, D. 18, 1, 37 *Ulp. lib. tertio disp.* y D. 18, 2, 1 *Paul. lib. quinto ad Sab.*

[75] D. 18, 1, 9 pr. *Ulp. lib. vicensimo octavo ad Sab.: In venditionibus et emptionibus consensum debere intercedere palam est: ceterum sive in ipsa emptione dissentient sive in pretio sive in quo alio, emptio imperfecta est.* Sobre la relación conceptual entre disenso y error, Wieacker, Mél. Meylan I (1963), 383 ss.

[76] Además de Lenel, cit. en n. 69, v. los títulos D. 17, 1 *Mandati vel contra* y C. 4, 35 *Mandati.*

[77] G. 3, 155 y 162. Arangio-Ruiz, Il mandato in diritto romano (1949), 101 ss., H. T. Klami, SZ 106 (1989), 575 ss., Studies on the Roman Law of Contract (2000), 42 ss., y, sobre este libro, Hausmaninger, SZ 119 (2002), 620-621.

Al igual que sucede en la compraventa, se alude a un acto jurídico (*mandare*), cuya constitución externa ha debido consistir en una *expresión que incorpore el consensus de los sujetos aludidos en la fórmula*[78], expresión que ha debido venir referida, naturalmente, al *mismo* objeto de gestión también consignado en el modelo. Esta expresión, esta sucesión de palabras no solemnes portadoras del *consensus*, constituye, en última instancia, el acontecimiento material que el *iudex* habrá de comprobar como condicionante de la orientación de su sentencia.

En definitiva, hemos contemplado tres supuestos distintos de relaciones entre la fórmula procesal y la realidad material: a un modelo formulario de exigencia formal alusivo a un *derecho* (*actio certae creditae pecuniae, rei vindicatio*) habrá de corresponder un acontecimiento material consistente en *el pronunciamiento de palabras solemnes y ejecución de ritos conformadores del acto jurídico generador del derecho*, o, en su caso, *alguna otra actuación no formal a la que el ius civile vincule el nacimiento del derecho*; si, en cambio, el modelo incorporado a la formula consiste en la descripción de una determinada *conducta* (v.g., los integrados en la *actio depositi* o en la *actio negotiorum gestorum*), el acontecimiento material exigido por la coherencia con la realidad que deberá haber tenido lugar será una *actuación* de los sujetos, cuya naturaleza y características sean coincidentes con las de la conducta descrita; y, finalmente, en los supuestos en que el modelo de exigencia formal contiene la mención de un determinado *acto o negocio jurídico* (caso de la *actio empti* o la *actio mandati*), deberá haber tenido lugar en la realidad *ese* preciso acto o negocio, individualizado de manera indubitada en razón de que los sujetos intervinientes y el objeto habrán de ser *los mismos* aludidos en el tenor formulario; ahora bien, el acontecimiento material *externo y, por lo tanto, comprobable por el juez*, la manifestación fáctica de la constitución del acto jurídico, no será otra que *la expresión o sucesión de palabras* que le hayan dado vida. Se trata, indudablemente, del supuesto de configuración del modelo formulario que exige una más delicada labor de cotejo con la realidad, re-

---

78 D. 17, 1, 1, 2, *Paul libro trigensimo secundo ad ed.: Item sive "rogo" sive "volo" sive "mando" sive alio quocumque verbo scripserit, mandati actio est.*

quiriendo, por lo tanto, para la correcta resolución del litigio, una especial *peritia* en el *iudex*, cualidad que, por otra parte, no siempre era atributo de las personas que desempeñaban dicha función[79]. En este tipo de conexión entre la fórmula procesal y la realidad material centraré, a partir de ahora, mi discurso.

[79] Cfr. Quintiliano, *Inst. orat*. 2, 17, 27-28 y, sobre ello, Gagliardi, L., Zur Rolle des Richters im römischen Zivilprozess, según la noticia de J. Platschek referida en n. 58, Index 30 (2002), 543.

—2 —
LA *EXPRESIÓN* COMO CONFIGURADORA DEL ACONTECIMIENTO MATERIAL

2.1. PERSPECTIVA LINGÜÍSTICA GENERAL

Resulta, pues, que una *expresión*, o *sucesión de palabras* no solemnes pronunciadas por el o los sujetos del acto jurídico, puede constituir el acontecimiento material cuya adecuación al *modelo* formulario habrá de comprobar el juez. Y ello, no sólo cuando se trate de constatar si esa expresión conforma el acto o negocio jurídico aludido en la fórmula, sino también en casos en que el modelo formulario viene a plasmar un hipotético derecho del actor, que proviene de una manifestación integrada por unas palabras solemnes estereotipadas y la mención, como complemento de ellas, de personas o cosas concretas, individualizadas en cada caso. Tal sucede, significativamente, en los legados. Así, ante las expresiones formales *do, lego*[80] o *heres meus...dare damnas esto*[81], no precisa el juez determinar que, en efecto, ha tenido lugar la constitución de un legado, *per vindicationem* o *per damnationem*, sustentador en principio de la pretensión que el demandante intenta hacer valer mediante la *rei vindicatio* o mediante la *actio ex testamento*[82]; pero, en cambio, deberá asegu-

---

[80] G. 2, 193; o, claro es, cualquiera de las demás reflejadas en Ulp. 24, 3.

[81] G. 2, 201; también, obviamente como en el caso anterior, las restantes de Ulp. 24, 4.

[82] En el caso del legado *per vindicationem*, como modo propiamente dicho de adquisición del dominio: G. 2, 194; Voci, Teoria dell'acquisto del legato secondo il diritto romano (1936), 28 ss. Para el legado *per damnationem*, v. G. 2, 204: "*Quod*

rarse de la coincidencia entre los sujetos y objetos cuya nominación también forma parte de la expresión negocial (*Titio fundum Cornelianum do, lego; heres meus Titio Stichum servum dare damnas esto*) y los incluidos en el tenor formulario, esto es, si tratándose, v.g., del ejemplo propuesto, el demandante que figura en la correspondiente fórmula reivindicatoria es *el mismo* Ticio y el objeto reclamado *el mismo* fundo Corneliano, o, en el caso de la *actio ex testamento*, si el demandante es *el mismo* Ticio, si el demandado es *precisamente* el heredero del testador ordenante del legado y si la cosa cuya entrega se requiere es *el mismo* esclavo Estico objeto de la liberalidad dispuesta por el causante.

En conclusión, cuando el acontecimiento material que el *iudex* debe considerar al efecto de determinar si se acopla con precisión o no al *modelo* formulario está constituido por una *expresión no formal*, o bien forman parte de él algunas *palabras no formales complementarias de una expresión formal*, necesitará dicho juzgador asegurarse, según los casos: a) ante modelos formularios alusivos a un acto o negocio jurídico, de que las palabras pronunciadas[83] configuran efectivamente dicho acto o negocio, así como de la coincidencia entre los sujetos y objeto del mismo y los reseñados en la fórmula, respectivamente, como partes y objeto del litigio; y b) ante modelos formularios referidos a un derecho, proveniente de un acto o negocio jurídico formal, de la correspondencia entre los sujetos favorecido y gravado en razón de las correlativas palabras solemnes, así como entre el objeto al que las mismas se refieren y los incluidos en la fórmula como partes y objeto de la pretensión.

Y llegamos así a lo que, según estimo, constituye el núcleo de la necesidad de desarrollar una hermenéutica negocial ante la que se encontraron los juristas clásicos: en un *sistema de acciones* que funciona mediante fórmulas *típicas*, el juez debe, en cada caso, y para

---

autem ita legatum est, post aditam hereditatem, etiamsi pure legatum est, non, ut per vindicationem legatum, continuo legatario adquiritur, sed nihilo minus heredis est. Et ideo legatarius in personam agere debet, id est intendere heredem sibi dare oportere, ...". Sobre responsabilidad conexa con la acción, Burillo, St. Volterra 2, 157 ss.

[83] O, en su caso, escritas: cfr., por ej., D. 17, 1, 1, 2 *Paul. libro trigensimo secundo ad ed.* para el *mandatum*, y D. 19, 2, 29 *Alfenus libro séptimo digestorum*, en relación con la *locatio conductio*.

orientar el sentido de su resolución con fidelidad estricta a las instrucciones del magistrado (*si paret...condemnato, si non paret absolvito*)[84], examinar si al *modelo* formulario corresponde rigurosamente un determinado *acontecimiento material* que ha debido tener lugar en el mundo exterior. Cuando ese acontecimiento material consiste en la *sucesión de palabras y ritos solemnes* integrantes de un acto jurídico del *ius civile* o en una determinada *conducta* llevada a cabo por cierta persona, basta con la simple comprobación de que dichas palabras han sido pronunciadas y los correspondientes ritos ejecutados, o bien de que la aludida conducta ha sido materializada, pues el sistema jurídico enlaza de manera mecánica unas determinadas consecuencias a estos hechos[85]. Pero en los supuestos en que el acontecimiento a valorar cristaliza en *expresiones o palabras no solemnes*, cuyo proferimiento como simples *formas o significantes lingüísticos* no arrastra por sí mismo efecto jurídico alguno, resulta imprescindible determinar los *conceptos* que en ellas se encierran; porque, dependiendo precisamente de dichos conceptos, que constituyen el contenido sustantivo de la *expresión*, se estará ante realidades distintas, susceptibles o no de encarnar el *acontecimiento material* acoplable al *modelo* formulario. Dicho de otra manera: una *expresión solemne* o una *conducta* son, en sí mismas, *realidades completas* a cotejar con el modelo formulario; una *expresión no solemne*, en cambio, no constituye realidad íntegra alguna si es considerada abstrayéndola de su contenido conceptual. Solamente *coloreada* por este contenido adquiere una entidad que posibilita su subsunción en el modelo fijado en la correspondiente formula procesal. De ahí la necesidad de determinación de ese contenido conceptual mediante la actividad hermenéutica, cuestión que los juristas clásicos enfocan,

---

[84] V. Turpin, W., RIDA XLVI (1999), 499 ss. Sobre la "discrecionalidad" del magistrado, y sus límites conceptuales, Sargenti, St. Scherillo I (1972), 41 ss. Y para la extensión de la función judicial a partir de las directrices pretorias "*si paret...condemnato, si non paret absolvito*", y en relación con la posibilidad de motivación de la sentencia, Marrone, BIDR XXXIX (1997, publ. 2003), 39 ss.

[85] Sobre el sentido y función de la forma en los actos jurídicos, por todos, Mitteis, Römisches Privatrecht bis auf die Zeit Diokletians I (1908), 256 ss.; Buckland, Festsch. Koschaker 1 (1939), 16 ss., Kunkel/Honsell, RR (1987), 97-98.

conforme lo entiendo y a continuación procederé a desarrollar, a partir de la influencia recibida de la teoría estoica del lenguaje.

Que el pensamiento griego y, en especial, el estoico ha ejercido una sensible influencia en el proceder de la jurisprudencia romana es algo que hoy está fuera de todo debate[86]. Por lo que hace a la concepción del lenguaje, en cuanto es preciso para la finalidad que ahora me propongo, debemos partir de la expresiva información de Sexto Empírico[87], conforme a la cual existen, para los seguidores de la Stoa, tres nociones conexas: τό σημαινόμενον (el *significado*), τό *σημαινον* (el *significante*) y τό τυγχάνον (el *objeto en su real existencia*). El significante es el sonido que se emite, como por ejemplo la voz "Dion"; el significado es la entidad a la que el significante alude, y que aprehendemos al ser reconocida por nuestro intelecto, pero que no es captada por quienes ignoran el idioma aunque oigan el sonido; el objeto es el ser existente en el mundo exterior, como el mismo Dion en persona. De estas nociones dos son corporales, el sonido y el objeto, y una no corporal, la entidad aludida o significada, que es además un *λεκτόν* (enunciable) y, en tal carácter, verdadero o falso[88]. Importa sobremanera que tengamos muy clara la

---

[86] De entre la abundante bibliografía, y a título de ejemplos doctrinales significativos: Sokolowski, P. v., Mél. Cornil II (1926), 433 ss., para una llamada de atención precisa sobre la cuestión, ya en su época; Schulz, History (1953), 67-68, en relación con la importancia de la introducción de la dialéctica; Nörr, *Divisio* und *Partitio* (1972), Talamanca, Lo Schema *genus-species* nelle sistematiche dei giuristi romani (en La filosofía greca e il diritto romano 2, 1976-77) y Wieacker, SZ 70 (1953), 93 ss. y IVRA 20 (1969), 448 ss., sobre la *diairesis*; Bretone, Technique e ideologie dei giuristi romani (1982^2), 74 ss., 341 ss. y Storia del diritto romano (1991), 164 ss., para la interconexión entre los distintos campos de la cultura antigua; Winkel, TR LXV (1997), 373 ss., con un repaso crítico de la cuestión, y la idea de que la diferenciación (y consiguiente *no uniformidad*) entre los juristas romanos se debe precisamente a las influencias filosóficas, v.g., del Liceo sobre Labeón y Papiniano, o de la *Stoa* sobre Gayo y Ulpiano (pag. 384). Un análisis lúcido y concluyente, sobre la base de datos e instituciones concretas, ofrece O. Sacchi, RIDA LII (2005), 325 ss., con muy adecuadas referencias y comentarios bibliográficos en n. 6, pags. 327-328; D. Cloud, SZ 123 (2006), 19 ss., en esp. 26-27.

[87] Sexto Empírico, *Adversus Mathematicos*, VIII, 11.

[88] V. Lamanna, E. P., Storia della filosofia. Il pensiero antico (1965), 310-311; también, sobre estas nociones nucleares de la lingüística estoica, así como sobre su influencia en la cultura romana (especialmente observable en Varrón y Séneca), A.

naturaleza de este *lekton*: con él se alude, ciertamente, a una *representación mental* (*φαντασία λογική*)[89], pero no como simple *objeto del orden del pensamiento*, el *conceptus subiectivus* escolástico, sino como el *conceptus obiectivus*, esto es, lo significado objetivamente, el sentido de la expresión[90]. Para fijar de una manera mas nítida los perfiles esenciales de este *conceptus obiectivus* debemos considerar el diseño que de él llevó a cabo la Escolástica, sobre la tradición estoica recibida, fundamentalmente, a través de la doctrina de Boecio relativa a las proposiciones *concebidas*, como categoría diferente de las *escritas* y las *habladas*, en la que se inspiraría Guillermo de Ockham[91]. Ya con anterioridad a él, Pedro Hispano había entendido el *conceptus obiectivus* como *lo representado* mediante la que él denomina *voz significativa*, y que contrapone a la *voz no significativa*, que no representa nada al oído (o, por mejor expresarlo, a la mente o al entendimiento)[92].

Pero es sin duda Ockham el filósofo que mejor ha plasmado en el pensamiento medieval la noción estoica de la que tratamos. Él parte del *conceptus subiectivus*, que tiene, desde luego, una realidad, pero no más allá de como simple acto del entendimiento o acto intelectual, sin que llegue a cristalizar en entidad distinta alguna, ni como *species*, ni tampoco como un *idolum* o un *fictum*[93]. Ahora bien, este *conceptus subiectivus* persigue autotrascenderse hacia una realidad significada. Para explicar en qué consista dicha realidad, traslada Ockham al ámbito de los *términos* la ya mencionada doctrina de las *proposiciones* de Boecio, entendiendo que existen tres clases de términos, a saber, los escritos, los hablados y los simplemente concebidos. El *terminus conceptus*, que viene a ser, en definitiva, el *conceptus obiectivus* de

---

Guzmán, Historia de la interpretación... (cit. en n. 35), 51 ss. El significante puede fijarse por medio de la escritura (*graphé*) (v. Cuena Boy, Index 33, 2005, 58 n. 20), siempre, en cualquier caso, instrumental respecto de la voz (*phoné*): cfr. sobre ello las precisiones de Guzmán, ob. cit., 55 ss.

89 Diógenes Laercio, *De clarorum philosophorum vitis*, VII, 63.

90 Cfr. Bochénski, Historia de la lógica formal (trad. de M. Bravo Lozano) (1966), 121. A. Guzman, ob. cit., 52-53, así como las fuentes y bibliografía allí cit.

91 Ockham, *Summa logicae*, I, 14; *Quodlibeta*, IV, q. 3.

92 Pedro Hispano, *Summulae Logicales,* 1.02-1.05.

93 Ockham, *Quodlibeta*, IV, q. 35.

toda la tradición escolástica, es una intención o afección (*intentio seu passio*) del alma que es el signo natural de una cosa y puede formar parte de una proposición mental y utilizarse en lugar de lo que significa[94]. Ciertamente, el propio filósofo, al abordar la naturaleza de una tal *intentio seu passio*, no puede dejar de reflejar la diversidad de opiniones sobre la misma, es decir, el hecho de que para algunos se trate de una simple ficción anímica, un *fictum*, en tanto que para otros es una cualidad del alma individual, o, en fin, otros la identifiquen con el mismo acto del conocimiento; pero para él no parece ser tan relevante la determinación precisa de dicha naturaleza, como la constatación de que el *terminus conceptus* es algo *existente* en el alma y que simboliza la propia realidad causante de esta existencia[95].

El interés por la cuestión habría de perdurar aun en la Escolástica renacentista, de lo que es buena muestra la contraposición que ofrece Francisco Suárez entre el acto mismo (o el *verbo*) de concepción por el entendimiento de una determinada cosa o razón, lo que no pasa de ser un concepto formal (el *conceptus subiectivus*), y el *conceptus obiectivus*, que es la cosa o razón directamente concebida o representada[96].

De lo expuesto, puede ya destacarse una importante característica del *lékton* estoico o *conceptus obiectivus* escolástico: se trata de una entidad *independiente* del sujeto que habla, escribe o concibe, puesto que trasciende el acto psíquico de éste, constituyendo, en cuanto *sentido objetivo*, un patrimonio común. El sujeto, mediante la voz o, en su caso, la escritura, suscita a los demás este *sentido* o *significado* objetivo, haciéndoles copartícipes del mismo, el cual, de esta manera, pasa a integrar, junto con la aludida voz, una *entidad autónoma*, susceptible de ser aprehendida por quienes escuchan. Sucede, pues, que el *fenómeno significante*, la voz, conecta a quien habla y a quien escucha en el punto de encuentro común que es el *significado*. Recordemos, a este respecto, la mencionada manifestación de Sexto Empírico: el significante es el sonido que se emite, y el significado la entidad a la que el significante alude y que aprehendemos al ser reconocida por nuestro intelecto, el *lekton*, término, por lo demás, prove-

94 Ockham, *Summa logicae*, I, 1, 11 ss.

95 Ockham, *Summa logicae*, I, 12, 6 ss.

96 Suárez, *Met. disp*., 21, 1, 1.

niente de λέγειν, que literalmente entendido es "lo dicho", lo que se significa a los oyentes cuando se habla con sentido[97], y en lo que, por lo tanto, coincide el hablante con los destinatarios del discurso.

Así pues, la conjunción de la voz y el *lekton* constituye, en el pensamiento estoico, una *entidad autónoma y real*. Esta característica de *realidad* queda aun mas patente a la luz de las ideas lingüisticas paralelas, de inspiración estoica, que desarrolló F. de Saussure. A las antiguas nociones de *voz* y *lekton* vienen a corresponderse las suyas de *imagen acústica* y *concepto*, respectivamente[98]. El significante es para él la *imagen acústica*, que consiste no sólo en el sonido material, sino también en su huella psíquica, ya que podemos repasar mentalmente palabras o frases sin mover los labios. Y el significado es, en su construcción, el *concepto*, asimilable al *lekton* estoico y al *conceptus obiectivus* escolástico (o, para Ockham, *terminus conceptus*). Imagen acústica y concepto, esto es, significante y significado, integran una entidad psíquica, el *signo lingüístico*, que, en lo que interesa a mi exposición, reviste dos caracteres fundamentales, a saber:

a) Es *inescindible* (no desintegrable) en sus dos elementos, que, en palabras del propio Saussure, "están íntimamente unidos y se reclaman recíprocamente. Ya sea que busquemos el sentido de la palabra latina *arbor* o la palabra con que el latín designa el concepto "árbol", es evidente que las vinculaciones consagradas por la lengua son las únicas que nos aparecen conformes con la realidad, y descartamos cualquier otra que se pudiera imaginar"[99].

b) No se trata de un ente imaginario o ideal, de un "fantasma especulativo", sino de un objeto real. "Los signos lingüísticos –manifiesta Saussure– no por ser esencialmente psí-

---

[97] Cfr. Bochénski, ob. cit., 121. También P. Matthews, en el Cap. VI ("La lingüistica greco-latina") del Vol. I de la obra coordinada por G.C. Lepschy Storia della linguistica (Bologna, 1990), pag. 236: entendían los estoicos por *lektón* "la cosa detta".

[98] Saussure, F. de, Curso de lingüística general (Trad. de Amado Alonso), 1973, 127 ss. He cotejado esta versión con la edición crítica de Rudolf Engler: Ferdinand de Saussure, Cours de linguistique genérale, T. 1, Wiesbaden, 1968; en ésta, para las nociones aludidas en el texto, pags. 147 ss.

[99] Saussure, ob. cit., 129, en la ed. de Engler, 150.

quicos son abstracciones; las asociaciones ratificadas por el consenso colectivo, y cuyo conjunto constituye la lengua, son realidades que tienen su asiento en el cerebro. Además, los signos de la lengua son, por decirlo así, tangibles; la escritura puede fijarlos en imágenes convencionales,…"[100].

Ambas características están estrechamente conectadas, de tal manera que la *inescindibilidad* del signo lingüístico es presupuesto de su *realidad.* Para reflejar esta conexión, recurro de nuevo a las palabras del mismo Saussure, de insuperable diafanidad: "La entidad lingüística no existe mas que gracias a la asociación del significante y del significado; si no se retiene mas que uno de esos elementos, se desvanece; en lugar de un objeto concreto, sólo tenemos delante una abstracción. En todo momento se corre el peligro de no asir más que una parte de la entidad creyendo abarcarla en su totalidad; es lo que ocurriría, por ejemplo, si se dividiera la cadena hablada en sílabas; la sílaba no tiene valor mas que en fonología. Una sucesión de sonidos sólo es lingüística si es soporte de una idea; tomada en sí misma no es más que la materia de un estudio fisiológico. Lo mismo ocurre con el significado, si lo separamos de su significante. Conceptos como "casa", "blanco", "ver", etc., considerados en sí mismos, pertenecen a la psicología; sólo se hacen entidades lingüísticas por asociación con imágenes acústicas; en la lengua, un concepto es una cualidad de la sustancia fónica, como una sonoridad determinada es una cualidad del concepto"[101].

Las construcciones lingüísticas de la Escolástica y de F. de Saussure que anteceden se insertan en la tradición estoica. Pueden servirnos para entender con mayor nitidez la teoría del *lektón* y las relaciones entre éste y la voz, de un lado, y, de otro, entre ambos y la cosa misma del mundo exterior a la que se refieren. Y todo ello formaba parte del acervo cultural de los juristas romanos[102] y orientaba, según lo estimo, su pensamiento en materia de hermenéutica negocial. Mas adelante

---

[100] Saussure, ob. cit., 5. Engler, 44.

[101] Saussure, ob. cit., 178-179. Engler 213-233.

[102] En relación con el texto de Sexto Empírico cit. en n. 87, v. Bretone, I fondamenti del diritto romano. Le cose e la natura (1998), 220 ss. Un análisis detallado sobre la formación de los juristas clásicos en la lingüística estoica ofrece A. Guzmán, Historia de la interpretación... (cit. en n. 35), 47 ss., del que interesan sobre todo, en el punto del que ahora me ocupo, los §§ 8, pags. 49-51, sobre la cultura

apoyaré este aserto mediante el correspondiente análisis textual, pero de momento hagamos la siguiente recapitulación: Cuando alguien ejercita una acción procesal, su fórmula incorpora un *modelo descriptivo* al que habrá de ajustarse con precisión un determinado *acontecimiento material* que haya tenido lugar en la realidad (lo que deberá ser constatado por el *iudex* mediante la actividad probatoria), para que, de conformidad a las instrucciones del pretor, la sentencia resulte condenatoria para el demandado y se satisfaga así la pretensión del actor[103]. En los casos en que, como ha quedado explicado con anterioridad en este capítulo, el tipo de modelo formulario requiere un acontecimiento material consistente en una *expresión* o *sucesión de palabras no solemnes*, resultará que ésta sólo tiene la naturaleza de *ente real*, es decir, de *acontecimiento material propiamente dicho*, si las palabras encierran un *sentido*, puesto que solamente en tal caso se estará ante un *signo lingüístico* (o, en su caso, un conjunto de signos lingüísticos), cuya integración *inescindible* por el significante y el significado le confiere, precisamente, su *realidad*, su existencia real como acontecimiento material cotejable con el modelo formal descrito en la fórmula. En efecto, conforme a la manifestación de Saussure que acabamos de recordar, el significante o el significado considerados aisladamente uno de otro no son mas que *abstracciones* carentes de realidad: el sonido –la voz– que no encierra una idea o concepto no es sino materia de un estudio fisiológico, y, por su parte, el concepto –el *lekton*– considerado aparte de la correspondiente imagen acústica pertenece al ámbito de la psicología[104]; ambos unidos forman, sin embargo, una entidad lingüística *de naturaleza real*, lo que, a diferencia de lo que sucede con las simples abstracciones, supone su aptitud para constituir el acontecimiento material que el juez ha de subsumir en el modelo formulario al efecto de orientar su sentencia. Por ello, ante una expresión en principio conformadora de un cierto negocio jurídico o referente a sujetos u objeto del mismo, que formalmente no es sino un mero *significante lingüístico*, se presentará al juez como tarea necesaria

lingüística de los juristas, y 10, pags. 55-61, sobre el tratamiento por los juristas de la estructura de la palabra.

103 Para esta estructuración general de la fórmula, cfr. D'Ors, DPR (2004), 128.

104 Saussure, loc. cit. en n. 101. Para más precisiones sobre la naturaleza del *lektón*, v. Hülser, Stoische Sprachphilosophie, en Sprachphilosophie 1, Berlin-New York (1992), 23 ss.

la determinación de su *significado*, porque, dependiendo de que éste sea uno u otro, se estará ante *realidades lingüísticas* distintas, lo que equivale a decir ante acontecimientos materiales diversos, entre los cuales *sólo uno* habrá de corresponderse con el modelo formulario, conduciendo así al resultado condenatorio del demandado, en tanto que cualquiera de los otros eventualmente constatados impondría, según las directrices del magistrado, una sentencia absolutoria. Esa es, precisamente, la función de la hermenéutica negocial en el sentir de la jurisprudencia clásica: *la determinación de si, ante una expresión significante, y a la vista del significado que le corresponde, que deberá ser, por lo tanto, indagado en cada caso, ha cobrado entidad un signo lingüístico, o conjunto de ellos, que se acopla al modelo de la fórmula, o si, por el contrario, la realidad lingüística resultante no encaja en aquel modelo*. La casuística es, desde luego, muy diversa[105], y abarca desde supuestos en que la expresión significante posee un sentido necesariamente unívoco, con lo que no se suscita cuestión alguna sobre la realidad lingüística ante la que se está, al efecto de su cotejo con el modelo contenido en el tenor de la formula, hasta otros, de diversos grados de complejidad hermenéutica, en que son varios los significados objetivos que podría, en principio, encerrar la expresión significante, lo que exigirá determinar cuál de ellos le corresponde en el uso que de la misma hizo el hablante (el sujeto del negocio jurídico), como requisito necesario para constatar si el signo lingüístico resultante constituye o no el acontecimiento material subsumible en el modelo formulario.

Y, por lo demás, esta perspectiva procesal desde la que propongo contemplar la actividad hermenéutica de la jurisprudencia romana nos ofrece una explicación natural y concluyente para el hecho de que la *voluntad interna*, como facultad psíquica de carácter íntimo del sujeto, que la Pandectística y la moderna doctrina iusprivatista oponen a la *declaración*[106], fuese algo ajeno a dicha actividad inter-

[105] Como resulta de la pluralidad de criterios generalizados agrupados, sobre todo, en los títulos del Digesto *De rebus dubiis* (34, 5), *De verborum significatione* (50, 16) y *De diversis regulis iuris antiqui* (50, 17).

[106] Respecto de la Pandectística, v. *supra*, n.31. En cuanto al pensamiento moderno posterior, éste continúa básicamente aferrado a dicho antagonismo dialéctico, pese a aportaciones desvirtuadoras del mismo tan fundamentales como las de Betti (v. *infra*, sección 3) o, por citar a un sólido conocedor e impulsor de la meto-

pretativa y, en principio, irrelevante a efectos jurídicos en el periodo clásico[107]. El magistrado instruye al juez por medio de la fórmula para que condene al demandado en el supuesto, y sólo en él, de que en la realidad haya tenido lugar un acontecimiento que se corresponda con el modelo formal propuesto. Tal instrucción es, por lo tanto, condicional, lo que se expresa mediante las palabras "*si paret...*", a partir de las cuales, y conforme a la acepción prístina del verbo *parere* y de su forma impersonal *paret*[108], el acontecimiento cuya correspondencia con el modelo debe establecer el juez como exigencia previa a la condena debe ser *algo* que haya alcanzado su realidad *accediendo* al mundo exterior, *manifestándose* o *evidenciándose* en él, *aflorando* a una naturaleza fáctica susceptible de constatación externa. Y una tal *realización fáctica* resulta palmaria cuando se trata de palabras o ritos solemnes, de efectos jurídicos mecánicamente preestablecidos, o de cierta actuación de una persona. Ahora bien, ante una expresión no solemne, es decir, lo que inicialmente sólo es un significante lingüístico, habrá de determinarse qué significado incorpora para saber ante qué realidad lingüística se está; pero *basta con llevar la actividad hermenéutica hasta ese estrato lingüístico, careciendo absolutamente de relevancia cuanto trascienda al estrato psicológico*. En razón de la expresión "*si paret...*", habrá de corroborar el juez que *algo ha aflorado a la realidad*; sin la expresión significante es obvio que *nada* que pertenezca al ámbito interno puede aflorar, pero esta expresión, si no incorpora un significado objetivo (el *lektón*), sigue siendo, por sí misma, *nada*[109]. A la vista del modelo formulario, el juez deberá adquirir la certeza, v.g., de que las palabras pronunciadas conforman una compraventa, y no otra entidad jurídica, de que el comprador fue Ticio y el vendedor Cayo, y de que el objeto del contrato fue, precisamente, el fundo referido en

---

dología jurídica, Larenz, Die Methode der Auslegung des Rechtsgeschäftes (1930, Neudr. 1966); Methodenlehre der Rechtswissenschaft (6ª ed. 1991), 299 ss.

107 Cfr. Biondi, loc. cit. *supra*, n. 29 y 30.

108 Forcellini, Furlanetto, Corradini, Perin, *Lexicon Totius Latinitatis*, T. III (MCMLXV), 571: "*Parere est se ostendere, apparere; ... manifestum esse, constare; ... Paret. etiam impersonaliter adhibetur pro liquet, clarum est et manifestum: formula forensis, ...*

109 Saussure, loc. cit. *supra*, n. 101.

aquel modelo; para lo cual habrá de establecer el significado que, en el caso concreto, corresponde a la expresión significante. Deberá, en fin, establecer si se está o no ante la *realidad lingüística* condicionante de la condena; pero, a tal efecto, resultarán irrelevantes cualesquiera estimaciones de naturaleza psicológica, tales como si la voluntad interna de los sujetos haya sido o no coincidente con la realidad lingüística formada por la expresión y su significado. En definitiva, a partir del "*si paret ...*", *nada hay que determinar que no esté ínsito en la expresión*, porque lo que no esté en ella no ha podido *aflorar* al mundo de lo constatable; y, tomada la expresión, qué sea lo que en ella esté ínsito (es decir, cuál sea su significado) sí ha de ser determinado, con la finalidad de establecer si el signo lingüístico resultante, entidad ya *real*, constituye o no el acontecimiento material congruente con el modelo formulario. El objeto de la hermenéutica negocial es, pues, el *lekton*, el significado lingüístico correspondiente a la expresión utilizada, en razón del cual el *comunicante* (esto es, el sujeto del acto jurídico)[110] se valió *precisamente de esa expresión y no de otra.* Si este significado coincide con el que otorga a la expresión significante el destinatario básico de la comunicación (quien con apoyo en el acto jurídico se ha constituido en actor procesal), lo que se reflejará en el *modelo* contenido en la fórmula, resultará que lo acaecido en la realidad, el signo lingüístico conformado, será precisamente el aludido en dicho modelo, lo que traerá como consecuencia la condena del demandado; ahora bien, si el significado inherente a la expresión proferida por el sujeto del acto jurídico difiere del que atribuye a la misma el reclamante, según resulta del modelo formulario, estará este modelo aludiendo a un hipotético acontecimiento que nada tiene que ver con el signo lingüístico conformado en la realidad, con lo que el demandado deberá ser absuelto. Precisará, por lo tanto, el juez, para condenar, adquirir la seguridad de que, a partir de la expresión negocial, existe una *concordia dicendi et exaudiendi* en relación con su significado. Y, ciertamente, a esta finalidad es bien

[110] Utilizo deliberadamente aquí la palabra "*comunicante*" en su acepción técnico-lingüística. V., al respecto, las exposiciones que sobre *lenguaje y comunicación* ofrecen J. Singh, Great Ideas in Information, Language and Cybernetics (1966), Cap. 1, 10 ss., y G. Mounin, Claves para la lingüística (trad. de F. Marcos) (1976), 29 ss.

ajeno cualquier eventual intento de indagación sobre una hipotética *voluntad interna*, como facultad psíquica situada, en todo caso, en un plano íntimo, psicológico, que trasciende al de la realidad constatable integrada por el signo lingüístico. Tal es, según lo estimo, la gran diferencia entre el entendimiento de la actividad hermenéutica por parte de la jurisprudencia romana y el de la construcción pandectista, aun vigente en el pensamiento jurídico actual[111].

2.2. EXPRESIÓN DE SENTIDO UNÍVOCO

A partir de las ideas expuestas, adquieren pleno sentido diversos criterios hermenéuticos de los juristas clásicos que, desperdigados en las fuentes y revestidos de una apariencia en ocasiones heterogénea, se nos presentan, sin embargo, como facetas de un mismo sistema de pensamiento.

Veamos, en esta sección, y a la luz de dichas ideas, qué ocurre cuando el acontecimiento material a cotejar con el modelo formulario consiste en una expresión (no formal) *de sentido unívoco* proferida por el sujeto (o los sujetos) del acto jurídico, y en la sección siguiente me ocuparé del supuesto de que se trate de una expresión de sentido equívoco. Si la expresión utilizada por el manifestante negocial tiene un sentido objetivo unívoco en la correspondiente comunidad hablante, se estará ante una realidad lingüística perfectamente identificada, integrada por un significante al que *sólo* puede corresponder un *concreto* y *único* significado. Dicho significado es un punto de encuentro necesario, sin alternativa alguna, entre la imagen mental de quien ha empleado la expresión significante y la de aquéllos que la han oído (o, en su caso, leído). Lo que ha querido decir el sujeto del acto jurídico no es otra cosa que lo que los demás han entendido, y en razón de ello, precisamente, ha empleado *esa* expresión y no otra. El significante y el significado integran un signo lingüístico y, por lo tanto, un acontecimiento material, indubitado al efecto de su subsunción en el modelo que describe la correspondiente fórmula procesal. El resultado de esa subsunción, si existe o no correspon-

---

[111] Y plasmado normativamente: cfr., por ej., § 133 B.G.B., arts. 1281 y 1283 C.C.

dencia entre uno y otro, no presentará especial dificultad al juez para resolver sobre la condena o absolución del demandado, por lo que no tiene razón de ser el planteamiento de *voluntatis quaestio*[112] alguna, que solamente podrá venir, manipulada por la conveniencia personal de quien la suscitase, a enturbiar lo que, como realidad lingüística objetiva, se presenta nítido, siendo procedente, en consecuencia, su rechazo por el *iudex*. Desde esta perspectiva ha de entenderse la conocida aseveración de Paulo:

> D. 32,25,1 *Paul. libro primo ad Neratium: Cum in verbis nulla ambiguitas est, non debet admitti voluntatis quaestio.*

En su concisión, y desde la clave lingüística que vengo sugiriendo, el texto nos ilustra sobre algunos extremos interesantes, a saber: 1) El sentido unívoco de la expresión, al excluir cualquier duda sobre el *lekton* –lo *dicho*, lo que se significa cuando se habla con sentido–[113] y, por lo tanto, sobre el signo lingüístico ante el que se está, rechaza cualquier *voluntatis quaestio*, porque, 2) la *voluntatis quaestio* tiene justamente por finalidad, para el jurista, la determinación del *lektón* en los supuestos en que la expresión significante sea de sentido equívoco, pudiendo albergar varios significados (*ambiguitas*)[114]; 3) desde la visual jurídica, no es, pues, objeto de la *voluntatis quaestio* indagación alguna que haya de sobrepasar este plano lingüístico, trascendiendo al psicológico en el que se sitúa la voluntad interna en el concepto pandectista; y 4) la expresión

---

[112] La *voluntatis quaestio* es, a *priori* a su consideración jurídica, un tópico de la retórica: cfr. d'Ors, DPR (2004), 365 ss.

[113] Bochénski, loc. cit. supra, n. 97.

[114] La *ambiguitas* es también, inicialmente, conforme a la doctrina de Hermágoras de Temnos, una noción retórica, uno de los *status legales*: v., sobre ello, Martin, J., Antike Rhetorik. Technik und Methode (1974), 28 ss. Para una perspectiva jurídica, Krampe, SZ 100 (1983), 189 ss.; M. Honsell, Festg. Kaser (1986), 73 ss. El concepto se corresponde con los estoicos de ὡμονυμία y ἀμφιβολία: cfr. A. Guzmán, BIDR XXXIX (1997, publ. 2003), 423, y la referencia *infra*, n. 147; Historia de la interpretación... (cit. en n. 35), 82 ss. y 100 ss. para la definición ofrecida por Juliano en D. 50,17,67 *Iul. libro octagensimo septimo digestorum: quotiens idem sermo duas sententias exprimit,...*; así como para otros significativos textos complementarios.

"*non debet admitti*"[115] hace referencia a la conducta que, según lo entiende el jurista, debe ser observada por el juez en el proceso correspondiente, pues sólo a éste compete *admitir* o *rechazar* los diferentes sentidos que, desde sus respectivas posiciones dialécticas, pudieran atribuir las partes a la manifestación de voluntad negocial. Así pues, la univocidad del sentido de la expresión excluye la *voluntatis_quaestio* por cuanto no existe duda sobre la realidad lingüística alumbrada por el declarante, al efecto de, en tanto que acontecimiento material, del mundo exterior, ser cotejada con la descripción del modelo formulario. Pero subsiste todavía una interesante cuestión: ¿Qué sucede si esa *realidad lingüística* resulta ser sólo *aparente*? Me refiero al supuesto en que la expresión significante utilizada por el sujeto del acto jurídico encierre un significado *objetivo* distinto a la imagen mental de dicho sujeto al tiempo de proferirla[116]. Y llamo la atención sobre este supuesto, porque creo que constituye una encrucijada intelectual ante la que el pensamiento moderno, pandectista y, en general, civilista, ha emprendido un camino equivocado, si tomamos como sistema referencial el pensamiento de los juristas romanos de la época clásica. En efecto, y a partir de la premisa apriorística de que la cuestión debe ser enfocada con arreglo al *status* retórico *verba-voluntas*, se entiende que se trata de un problema de disociación entre *lo declarado* y lo

---

[115] La lección "*amitti*" que aparece en F resulta tan incoherente con el conjunto clásico, que el propio Mommsen, habitualmente apegado al texto florentino en razón de su presupuesto metodológico de tradición manuscrita vertical, la rechaza: cfr. *Digesta lustiniani Augusti* (1866-1870, ed. 1962-63), Vol. II *ad h. l.*, pag. 76. No es sostenible hoy, por otra parte, la duda que, sobre la autenticidad de la frase completa, manifestara Flume, en Festsch. Schulz 1(1951), 226.

[116] El hoy denominado *error obstativo*, que para la jurisprudencia romana supone un problema de naturaleza interpretativa: Kaser, Das römische Privatrecht I (1971), 237; Kunkel/Mayer-Maly, RR (1987), 122 ss. En la máxima *nulla errantis voluntas est* (Pomp. D. 39, 3, 20 y Diocleciano C. 1, 18, 8), así como en sus variantes con *consensus* (v. Kunkel/Mayer-Maly, loc. cit.., n. 27), el sentido psicológico en el que, especialmente desde Ehrhardt, SZ 58 (1938), 167 ss., se viene entendiendo "*voluntas*" o "*consensus*", difiere del que propongo en este estudio para la jurisprudencia clásica; probablemente no, en cambio, por razones de época, del que debió de tener para los juristas de la cancillería de Diocleciano. Más aproximada a mi perspectiva es la visión de Zilletti. La dottrina dell'errore nella storia del diritto romano (1961), en esp. 141 ss. En relación con la misma máxima, Harke, SZ 121 (2004), 135-136.

realmente querido, que debe ser resuelto en favor de uno de esos dos polos dialécticos, y se atribuye a los juristas clásicos una vacilante oscilación casuística que, en general, habría observado una trayectoria, desde el último periodo republicano y a lo largo de la etapa clásica, y, se dice, especialmente en los negocios *mortis causa*, tendente a hacer prevalecer la voluntad sobre las palabras[117]. En realidad, este esquema tiene mucho de artificio construido a partir de ideas preconcebidas, cuya supuesta apoyatura quiere detectarse en algunos textos no bien interpretados. He aquí uno significativo:

> D. 32, 69 pr., *Marcellus libro singulari responsorum: Non aliter a significatione verborum recedi oportet, quam cum manifestum est aliud sensisse testatorem.*

Vaya por delante esta aseveración, que puede, a primera vista, resultar sorprendente, a causa de nuestros hábitos mentales consolidados sobre la cuestión: *el jurista no está proclamando que cuando el significado de las palabras difiera de la voluntad del testador deba prevalecer ésta sobre aquéllas*[118]. En rigor, ni siquiera está planteando una contraposición dialéctica entre las palabras y la voluntad del disponente.

Lo que expresa Marcelo en el texto[119], si bien se lee, es lo siguiente: a) Un principio general comúnmente admitido por la jurispruden-

[117] V., como descripción de conjunto representativa, Iglesias, Derecho Romano (1993), 162, con bibliogr. en n. 36. Y, como ejemplos posteriores, las referencias puntuales de N. Rampazzo, Index 29 (2001), 267 y E. Jakab, SZ 119 (2002), 191. Para un reflejo cabal de esta evolución, cfr. A. Fernández de Buján, Derecho Privado Romano (2010), 310 ss., quien resalta de manera precisa la trascendencia del liberalismo decimonónico para la formación del diseño negocial pandectista sobre la idea de la voluntad individual (pags. 312-313). Sin embargo, matiza con acierto este autor, en referencia al derecho romano clásico, que la buena fe constituyó un criterio básico de interpretación de los negocios (moderador, por lo tanto, de la eventual arbitrariedad subjetivista); y, por lo que hace a la época pandectista, que, si bien inicialmente se priorizó la voluntad interna de los sujetos contratantes, se hizo prevalecer "su voluntad declarada, en una posterior etapa, caracterizada ya por la tendencia a favorecer la seguridad en el tráfico jurídico" (pag. 312).

[118] Como hace el legislador español, en materia contractual, en el párrafo segundo del art. 1281 del Código Civil.

[119] Sobre la autenticidad del *liber singularis responsorum*, no se ha impuesto la duda de Schulz, History (1953), 232: "This may have been merely a post-classi-

cia clásica, que es el mismo contenido en el texto de Paulo examinado anteriormente: si las palabras tienen un sentido unívoco (esto es, si en ellas *nulla ambiguitas est*) habrá de estarse a él. Tanto da, por demás, expresar esta idea al modo de Marcelo (*non... a significatione verborum recedi oportet*) o al de Paulo (*non debet admitti voluntatis quaestio*). La razón de ello es la ya expuesta: al no existir alternativa al *lekton*, al significado único contenido en la expresión significante, se estará ya ante una realidad lingüística indubitada, al efecto de su subsunción en el modelo formulario; b) una excepción a este principio, que debe, empero, ser entendida en sus justos límites: solamente (*non aliter... quam*) procede apartarse del significado objetivo de las palabras *cum manifestum est aliud sensisse testatorem*. Como la expresión *aliud sensisse testatorem* se corresponde con la anterior *a significatione verborum*[120], quiere expresar el jurista que, pese al principio general proclamado, *es lo procedente no estar al sentido objetivo de las palabras cuando el testador, al emplearlas, haya albergado una imagen mental sobre su significado distinta a aquel sentido objetivo y ello sea manifiesto, esto es, haya aflorado al plano de lo constatable y haya sido, de hecho, constatado*. Ni más ni menos dice el jurista. Nosotros haremos bien en ahondar un poco en la reflexión sobre el texto.

Lo más interesante del fragmento no es la supuesta, e inexistente, contraposición entre las palabras y la voluntad del testador, sino, justamente, *la proclamación como punto de partida del valor jurídico incuestionable del significado objetivo de las palabras*[121]. Se trata,

---

cal abridgement of Marcellus' *Digesta*; al any rate our fragments contain a number of post-classical interpolations". V., al respecto: Liebs, Römische Rechtsgutachten und *Responsorum libri*, en Strukturen der Mündlichkeit in der römische Literatur (1990), 83 ss. en esp. 87 ss.; Zülch, C., Der liber singularis responsorum des Ulpius Marcellus (2001) y, sobre esta obra, Liebs, SZ 120 (2003), 243-262.

120 Respecto de la cual es proposición adversativa.

121 Al igual que Servio y Celso en D. 33, 10, 7, 2: *...non enim ex opinionibus singulorum, sed ex communi usu nomina exaudiri debere*. El expresarse con propiedad, esto es, el uso social del lenguaje, o empleo de las palabras en su sentido objetivo, es considerado un valor cultural en la época clásica: v. Aulo Gelio, *Noct. Att.*, 4, 1, 18, con invocación de Q. M. Scaevola: "...; *quoniam civibus Romanis Latine loquentibus rem non suo vocabulo demonstrare non minus turpe est, quam hominem non suo nomine appellare*". También, sobre el valor objetivo de las palabras en contraposición a un contenido intencional siempre inescrutable, Cicerón,

insisto, de identificar una *realidad lingüística*, al efecto de su cotejo con el modelo que describe la fórmula procesal. Y si el significado de la expresión sólo puede ser *uno*, dicha identificación no requiere ulterior pesquisa. Considera, no obstante, Marcelo el caso anómalo en el que el significado objetivo de la expresión no coincida con el que la misma albergaba en el sentir del testador, y entiende, lógicamente, que en esta circunstancia es procedente *no estar* a aquél significado objetivo; y con razón, pues, ciertamente, en este supuesto el signo lingüístico o acontecimiento material a subsumir en la fórmula es sólo aparente: se manifiesta, en efecto, mediante una cobertura significante que suscita un significado conformador, como contenido de dicho significante, de una determinada realidad lingüística; pero, al ser diferente el sentido que el declarante pretendió infundir a aquélla cobertura, resulta desvirtuado el *lekton* (recordemos otra vez: "lo *dicho*, lo que se significa cuando se habla con sentido"), y, al suceder esto con el elemento interno de la realidad lingüística, el conjunto de ésta resulta ser una entidad diferente de la que el elemento externo, la expresión significante, parece encarnar.

La ausencia de *concordia dicendi et exaudiendi* ocasionará en definitiva, que el acontecimiento material (de naturaleza lingüística) a subsumir por el juez en el modelo formulario resulte no encajar en éste, con la lógica consecuencia procesal de la absolución del demandado, ante una pretensión por parte del demandante de condena conforme al sentido objetivo de la expresión significante[122]. Ahora

---

Brutus, 52, 196. El criterio del *communis usus* refleja la asunción por la jurisprudencia clásica de la noción, acuñada por la lingüística estoica, de συνέθεια, esto es, *comportamiento*, *costumbre*, *uso*, que, pese a ser un factor extrínseco al lenguaje, determina, en última instancia, la significación de las palabras, al ser la fuente de las *anomalías* semánticas, frente a la inicial correspondencia natural –en la creencia del estoicismo– entre los nombres y las cosas: cfr. A. Guzmán, loc. cit. en n. 114, 430-432; Historia de la interpretación... (cit. en n. 35), 61 ss.

[122] Sobre el condicionamiento de la sentencia por el marco formal fijado mediante la *intentio* y la *condemnatio*: Wenger, Institutionen des römischen Zivilprozessrechts (1925), 197-198; Murga, Derecho Romano Clásico II. El Proceso (1980), 319-320. Destaca cabalmente A. Fernández de Buján (ob. cit. en n. 117, pags. 117-118), en referencia a la *condemnatio*, que "el magistrado en virtud de esta cláusula inviste al juez de la función pública de juzgar", la cual, obviamente, debe recaer ni en mas, ni en menos, ni sobre objeto distinto que lo reclamado por el actor en la *intentio*, razón por la cual "la

bien, es obvio que la excepcionalidad de este supuesto requerirá su cumplida constancia mediante la prueba.

En principio, el juez habrá de considerar que la representación mental del declarante coincidió con el sentido objetivo de la expresión y que, por lo tanto, se halla ante un signo lingüístico real compuesto por ese significante y *ese* significado objetivo; y ello, en palabras de Marcelo, *non aliter ... quam cum manifestum est aliud sensisse testatorem*[123].

Pero, atención: centremos ahora nuestro discurso en esta anómala eventualidad y supongamos que, en un caso concreto, la actividad probatoria haga *manifestum* al entendimiento del juez que el declarante, el testador para situarnos en el mismo negocio aludido en el texto, empleó una determinada expresión en un sentido diferente al objetivo y unívoco que a la misma corresponde.

Tal caso, conforme lo entiende Marcelo, constituye excepción al principio básico de apego hermenéutico al significado propio de dicha expresión. No habrá, por lo tanto, de estarse –no habrá de estar el juez– a este significado; *pero lo que el jurista no dice en manera alguna es que haya de estarse, en cambio, al sentido subjetivo que concibió la mente del testador al emplear la expresión*, aun cuando cuál sea dicho sentido haya resultado *manifestum*. Ni lo dice –léase con detenimiento el texto–, ni podría decirlo, a causa de la interconexión entre un factor técnico-procesal y otro de naturaleza lingüística, impeditivos cada uno de ellos del sostenimiento de un tal criterio, y que, desde luego, son propios de la mentalidad jurídica clásica. Veámoslo en un ejemplo sencillo.

---

condemnatio, está ligada a la *intentio* condicional". Sobre la delimitación, en definitiva, de la cuestión litigiosa por las partes en la *litis contestatio*, Wenger, loc. cit., y Kaser, Das römische Zivilprozessrecht (1996), 295 ss., en esp. 296.

123 Aunque en el derecho clásico no existen las presunciones legales (v. Kaser, ya en SZ 71, 1954, 231, y Das römische Zivilprozessrecht, 1996, 361 ss.), lo que viene a establecer Marcelo es una verdadera regla presuntiva jurisprudencial, conforme al esquema de la venidera *praesumptio iuris tantum*, a favor del sentido objetivo de las palabras. Lógicamente, la eventual prueba en contrario habrá de corresponder al demandado, como parte favorecida por el hecho positivo que es objeto de la misma, pues se trata de uno de esos supuestos en los que, como proclama Celso en el *lib.* 17 de sus *digesta* (D. 22, 3, 12), *nimirum probationes quaedam a reo exiguntur*, lo que ilustra con unos ejemplos equiparables, a estos efectos, a la prueba que ahora nos ocupa.

Un testador, de cuyo caudal hereditario forman parte algunas joyas, ordena bajo la forma de legado *per damnationem* en favor de Ticio le sea entregada a éste por el heredero la pulsera que se halla entre dichas joyas. Fallecido el causante y aceptada la herencia, Ticio ejercita la *actio ex testamento*, cuya fórmula, en el caso concreto, supedita la condena del heredero a que éste (en razón de aquel testamento) "deba dar a Ticio la pulsera" de la que se trata[124]. "Pulsera" es una palabra que en joyería, como significante lingüístico, solamente admite un significado, esto es, de entre las joyas aquélla que por su forma, tamaño y funcionalidad está destinada a ser lucida en la muñeca[125]. El juez deberá, en principio, y una vez le sea probado por el demandante que el testador, en la ordenación del legado, utilizó el término "pulsera", atribuir al mismo dicho significado objetivo y, sin plantearse *voluntatis quaestio* alguna[126], entender que existe una coincidencia entre el modelo formulario y el acontecimiento material de naturaleza lingüística acaecido en el mundo exterior, condenando, en consecuencia, al demandado a satisfacer la suma dineraria correspondiente a la estimación del valor de esa joya[127]. Pero supongamos que el heredero demandado aduce que en realidad, cuando el causante empleó la palabra "pulsera" lo hizo atribuyendo a la misma no su sentido objetivo, sino uno subjetivo, propio del mismo testador, el cual entendía bajo dicha denominación el aro de tamaño mas

---

[124] G. 2, 204: *...et ideo legatarius in personam agere debet, id est intendere heredem sibi dare oportere,...* v. Lenel EP § 170.

[125] Es decir, en la parte del cuerpo en la que especialmente se suele detectar el *pulsus venarum*. Puesto que, para una mayor diafanidad expositiva, utilizo en el ejemplo significantes lingüísticos del idioma español, v. la voz "pulsera" en el Diccionario de la Real Academia de la Lengua Española (ed. 2001); para la correspondiente acepción de "*pulsus*", v. el vocablo en el Oxford Latin Dictionary (ed. 1990)

[126] Puesto que en la palabra *nulla ambiguitas est*: Paul. D. 32, 25, 1.

[127] Como sucedería en la acción afín a la *actio ex testamento* cuando el legado es de cosa cierta, a saber, la derivada de *stipulatio* cuyo objeto fuese una cosa determinada, llamada por los juristas clásicos, posiblemente, *condictio certae rei* (no *condictio triticaria*: D. 13, 3): *...quanti ea res est, tantam pecuniam iudex Numerium Negidium Aulo Agerio condemnato, si non paret absolvito* (Lenel, EP § 95, *si certum petetur*). Sobre la correlación entre ambas acciones y su extensión a las respectivas figuras jurídicas que las originan, v. Mitteis, SZ 32 (1911), 1ss.

reducido que se luce en el dedo, esto es, el anillo[128]. Tal era –conforme pretende el demandado– su imagen mental y su *voluntad* en relación con el objeto que habría de recibir Ticio. El juez deberá, con todo, no tomar en consideración este significado subjetivo pretendido por el demandado y atribuir a la palabra "pulsera" su sentido objetivo; ahora bien, si lo aducido por el heredero demandado se torna *manifestum*, es decir, se patentiza de manera incuestionable (mediante la actividad probatoria)[129], en tal caso procederá, como lo entiende Marcelo, que el *iudex* prescinda del significado objetivo de "pulsera". Pero el resultado de tal actitud judicial será únicamente *la absolución del demandado de la pretensión planteada por el demandante, y en modo alguno la condena de dicho heredero demandado a la estimación correspondiente al anillo, en lugar de la correlativa a la pulsera*. Deberá producirse, en efecto, la absolución porque en la acción ejercitada la condena viene supeditada a la adecuación de la realidad al modelo formulario consistente en que el heredero "deba dar a Ticio la pulsera". El *oportere* arranca del legado damnatorio ordenado mediante una construcción lingüística que incluye, ciertamente, el significante "pulsera"; pero, al estar desvirtuado el significado, el *lekton*, por la falta de *concordia dicendi et exaudiendi* entre el profirente de la expresión y sus destinatarios (en concreto Ticio, el legatario demandante)[130], la realidad lingüística resultante difiere de la aludida en el modelo formulario, integrada por el mismo significante, pero con su significado objetivo, el correspondiente al uso

---

128 Más directamente que de *anulus*, de *anellus*, para mejor denotar su tamaño reducido: v. los vocablos en el Oxford Latin Dictionary (ed. 1990) y, para el significante español, Diccionario de la Real Academmia de la Lengua Española (ed. 2001). Sobre la evolución a la forma diminutiva *anellus*, Devoto, G., Geschichte der Sprache Roms (1968), 178.

129 Actividad que pesa, lógicamente, en este extremo, sobre dicho heredero: v., por todos, Kaser, SZ 71 (1954), 221 ss. y Das römische Zivilprozessrecht (1996), 361 ss.

130 Sobre la necesidad de esta *concordia*, cfr. R. H. Robins, Breve historia de la lingüística (Trad. M. Condor del original inglés A Short History of Linguistics, 1997)(2000), 42: "Los textos relevantes –estoicos– son difíciles de interpretar, pero parece que el *significado* no era sólo una impresión mental, sino algo en la mente del hablante y del oyente que se correspondía con una expresión del lenguaje, algo emparentado con la unión saussureana de sonido y pensamiento mediante la actuación de la *langue*".

común, razón por la que, en inexorable lógica procesal, el demandado habrá de ser absuelto. Y por otra parte, como he adelantado, de ninguna manera podría ser condenado el heredero en el supuesto en que nos hallamos a la estimación correspondiente al *anillo*, por más que haya resultado *manifestum* que esa fue la imagen mental que concebía el testador tras la palabra "pulsera" y, por lo tanto, su "voluntad". Existen para ello dos impedimentos insalvables: en primer lugar, uno de naturaleza técnico-procesal, por cuanto el objeto reclamado por el legatario demandante es, precisamente, la *pulsera* y no el *anillo*. Es la *pulsera* el objeto aludido en la *intentio*, la *res de qua agitur*, que, por lo tanto, conforma el modelo formulario y circunscribe la cuestión litigiosa[131], tratándose de constatar si, en la realidad externa, una expresión integradora de un acto jurídico (el legado) ha dado lugar o no a un *oportere* relativo a la entrega de la *pulsera*, y no de otro objeto distinto. *Habrá de dilucidarse si el heredero debe a Ticio la pulsera o no se la debe, no si le debe la pulsera o, alternativamente, el anillo*; y hay, en segundo término, un impedimento de índole lingüística, que juega también en conexión con el funcionamiento del proceso. Aun en el supuesto de que Ticio hubiese reclamado el *anillo* en lugar de la *pulsera*, o lo reclame con posterioridad[132], el heredero habría de resultar igualmente absuelto, puesto que en modo alguno el acontecimiento material de naturaleza lingüística generado por el testador podría adecuarse a un modelo formulario construido en la forma de que el demandado "deba dar a Ticio el anillo". No habría surgido en la realidad un signo lingüístico correspondiente, ya que el ordenante del legado no empleó el significante "anillo", sino otro distinto, "pulsera", con independencia del sentido que atribuyese a este término. Así pues, al no coincidir la expresión significante con la comprendida en el modelo formulario, es ya obvio que la realidad lingüística integral que dicho significante

---

[131] G. 4, 41: *intentio est ea pars formulae qua actor desiderium suum concludit,...*; v. el alcance de esta definición en Juncker, St. Riccobono II (1936), 325 ss. Sobre la inserción de la *intentio* en el esquema lógico de la fórnula, Betancourt, Derecho Romano Clásico (2001), 160ss.

[132] Lo que, en principio, puede hacer, según resulta de G. 4, 55: *Item palam est, si quis aliud pro alio intenderit, nihil eum periclitari eumque ex integro agere posse, quia nihil ante videtur egisse,...*"

exterioriza, el acontecimiento material acaecido, difiere del descrito en aquel modelo abstracto, lo que supondrá necesariamente la absolución del heredero demandado.

La interpretación que he ofrecido del texto de Marcelo resulta corroborada por otros textos que, desde la perspectiva lingüística utilizada, nos desvelan mucho mejor el alcance de su sentido y se nos presentan plenamente coherentes con aquél. He aquí dos ejemplos:

Releamos, en primer lugar, el conocido D. 34, 5, 3 *Paulus libro quarto decimo quaestionum*, en su segunda parte: ... *itaque qui aliud dicit quam vult, neque id dicit quod vox significat, quia non vult, neque id quod vult, quia id non loquitur.*

Llama la atención, antes que nada, la *concinnitas*[133] que exhibe la construcción formal del texto. Para mejor observar esta característica, ordenaré en vertical las tres oraciones que, con unidad de sentido, lo componen:

1)	*qui*	*aliud*	*dicit*	*quam*	*vult*			
		↕	↕		↕			
2)	*neque*	*id*	*dicit*	*quod*	*vox*	*significat*	*quia (id)*	*non vult*
	↕	↕	↕		↕		↕	↕
3)	*neque*	*id*	*(dicit)*	*quod*	*vult*		*quia id*	*non loquitur*

Las flechas señalan, en efecto, correspondencias sintácticas precisas, configuradas en una llamativa disposición simétrica. Pero, aparte de ello, el conjunto del texto gira en torno a la contraposición dialéctica representada por el *status* retórico *dictum-voluntas*[134], contraposición que se manifiesta de manera no menos sistemática, a saber: a) en sentido horizontal, dentro de cada una de las tres oraciones (*aliud dicit –quam vult* en la 1, *quod vox significat– (id) non vult* en la 2, y *quod vult –id non loquitur* en la 3); y b) en sentido

---

[133] Cfr. la referencia de Cicerón, *Brut.*, 325, así como la valoración negativa de este recurso oratorio que expresa Séneca, Epist. Mor. CXV, 2 i. f.

[134] O *scriptum-voluntas*: v. J. Martin, Antike Rhetorik, cit. en n. 114.

vertical, entre las oraciones 2 y 3 (*quod vox significat-quod vult*, por una parte, e (*id) non vult– id non loquitur*, por otra), existiendo así un marcado *isomorfismo* entre ellas[135].

Pero no por esto el trasfondo del texto es retórico, sino que, antes bien, viene precisamente a mostrar cómo los caminos de la retórica y del derecho, si bien nada impide que sean convergentes en determinados supuestos, pueden conducir a soluciones distintas en razón de la diferencia metodológica y técnica entre ambas disciplinas. Lo que para la retórica es una contraposición prácticamente necesaria, estereotipada en el *status* discursivo *dictum-voluntas*, porque una tal alternativa puede favorecer la argumentación y, en consecuencia, el resultado persuasivo pretendido, para el derecho no pasa de ser una contraposición simplemente *posible*: lo *dicho* y lo *querido* no tienen por qué diferir; es mas, en la generalidad de los casos no difieren, porque quien *dice* elige voluntariamente la expresión significante, siendo consciente de su significado objetivo y, por lo tanto, del sentido que los destinatarios de su manifestación van a otorgar a sus palabras. Por ello es regla general, ante expresiones de sentido unívoco, la *concordia dicendi et exaudiendi*; por ello, en fin, *cum in verbis nulla ambiguitas est, non debet admitti voluntatis quaestio*[136], o, dicho de otra manera, *non...a significatione verborum recedi oportet*[137].

Ahora bien, esa *posible*, aunque inhabitual, contraposición entre *dictum* y *voluntas* es justamente el supuesto que Paulo contempla en el texto del que me ocupo: "*qui aliud dicit quam vult...*", Y a ello da una respuesta en clave netamente jurídica, distinta de la que se impondría en clave retórica, porque, ya inicialmente, la cuestión a la que se trata de responder es también diversa. En efecto, desde la

---

[135] La noción de *isomorfismo* proviene del campo científico de la cristalografía, en el que el término designa la igualdad morfológica entre estructuras cristalinas pertenecientes a sustancias de distinta composición química. Este sugerente concepto ha sido trasladado a otros ámbitos del pensamiento, como el matemático, el filosófico o el lógico-dialéctico, en el que su gran impulsor fue Bochénski, al estudiar el razonamiento analógico (On Analogy, The Thomist 11, 1948, 424 ss.). En relación con el método de la jurisprudencia romana, y, en concreto, con D. 28, 5, 90 (89), *Paul. lib. sec. man.*, v. mi estudio en AHDE 50 (1980), 769 ss.

[136] D. 32, 25, 1 *Paul. libro primo ad Neratium.*

[137] D. 32, 69 pr. *Marcellus libro singulari responsorum.*

perspectiva retórica, la pregunta sería: ¿Debe darse por bueno el *dictum* o, en vez de él, la *voluntas*? Y la respuesta dependería de la finalidad persuasiva que se intentase alcanzar por medio del discurso. Pero para el derecho la cuestión inicial es otra. Se trata, sigamos con el ejemplo anteriormente propuesto, de que un testador, al ordenar un legado *per damnationem* a favor de Ticio, ha dicho "pulsera", siendo así que ha resultado *manifestum* que había querido legar el "anillo". La cuestión, desde la óptica metodológica y técnica del derecho romano clásico, no es si Ticio ha de recibir el anillo o la pulsera, como, sobre el modelo retórico, es planteada en el moderno derecho civil por influencia pandectista[138], sino si el heredero, demandado por Ticio mediante una *actio ex testamento*, ha de ser condenado o absuelto, tanto en el supuesto de que el objeto de dicha *actio* sea la pulsera, como en el de que sea el anillo. Y en ambos casos, conforme al criterio jurisprudencial reflejado por Paulo, el desenlace será el mismo, a saber, la absolución del heredero. Si, en efecto, el modelo que plasma la *intentio* de la fórmula supedita la condena ("*si paret...*") a que el demandado "deba dar a Ticio la pulsera", se requerirá que en la realidad haya tenido lugar un acontecimiento material consistente en una expresión proferida por el testador, conformadora de un legado damnatorio que tenga por objeto, precisamente, la *pulsera*. Ahora bien, si el testador, pese a haberse servido de la voz significante "pulsera", no atribuyó a ésta su significado objetivo, el cual no fue objeto de su representación mental, siéndolo en cambio otro concepto (el de "anillo"), resultará que la realidad lingüística a la que ha dado existencia no es la aparente (es decir, la que compondrían el significante "pulsera" y su significado objetivo), sino otra diferente. En rigor, no ha *dicho* lo que la palabra *significa*, tal como lo expresa

---

138 V. Windscheid-Kipp, Lehrbuch des Pandektenrechts, 9 Aufl. (1906, reimp. 1963), I, 376 ss. Como ejemplo representativo en la doctrina civilista española, cfr. Lacrúz Berdejo, Sancho Rebullida, Luna Serrano, Delgado Echeverría, Rivero Hernández y Rams Albesa, Elementos de Derecho Civil (ed. revisada y puesta al día por F. Rivero Hernández) (1999) I-3, ap. 318 y 319; y II-1, ap. 247 y 248. En este último lugar, manifiestan los autores que "la cuestión fundamental de todos estos supuestos –los que ellos denominan de "desconexión entre la voluntad interna y la manifestación exterior"– radica en decidir si ha de concederse mayor valor a la voluntad o a la declaración,..." (pag. 399). En el Código Civil, arts. 1281 y 1283.

Paulo: "*... neque id dicit quod vox significat quia (id) non vult...*". Y, como *no ha dicho lo que la voz significa*, no ha alumbrado acontecimiento material alguno de índole lingüística que constituya un negocio jurídico del que derive el *deber* para el heredero de entregar a Ticio la *pulsera*, *deber* éste que es precisamente el *oportere* incluido en la *intentio* formularia; por lo que procederá, en consecuencia, que el demandado sea absuelto. Análogamente, si la intentio condiciona la condena a que el heredero "deba dar a Ticio el anillo", sucederá que, no habiendo utilizado el testador la voz significante "anillo", por mas que albergase la correspondiente representación conceptual, en manera alguna habrá creado la correlativa realidad lingüística, que exigiría ambos elementos, el significante y el significado. Tampoco, en este caso, ha *dicho* "anillo", o, en palabras de Paulo, "*... neque id (dicit) quod vult quia non loquitur*". Faltará, pues, también aquí, el acontecimiento material base del *oportere*, por lo que el proceso desembocará en la absolución del heredero.

En definitiva, la manifestación de Paulo responde a la clave lingüístico-procesal que vengo defendiendo: cuando resulte *manifestum* que el testador ha dicho "pulsera" atribuyendo a esta palabra el sentido subjetivo de "anillo", la acción procesal de reclamación de cualquiera de los dos objetos está abocada al fracaso, con la correspondiente absolución del heredero demandado, ya que el disponente no ha creado realidad lingüística alguna que pueda constituir el acontecimiento material integrador de un negocio jurídico del que derive el *oportere* contemplado en el modelo formal de la *intentio* formularia. En el caso de reclamación de la "pulsera", el testador no habrá generado la correspondiente realidad lingüística por la desvirtuación del significado, del *lekton*, aun habiéndose servido del significante "pulsera"; y en el supuesto de petición del "anillo", porque lo que ha faltado ha sido el propio significante. En uno y otro casos –y esto es lo que proclama Paulo– el ordenante del legado, en rigor, al *decir* algo distinto de lo que *quiere decir, no dice* ni una cosa ni la otra, esto es, no crea ni una realidad lingüística ni la otra; ni la relativa a lo que su expresión significa, ni la relativa a la representación mental que él, personalmente, enlaza con aquella expresión. Con lo que resulta que el verbo *dicere* viene utilizado en el texto en un doble sentido: en la oración 1 (*qui aliud dicit quam vult*), en un sentido amplio, equivalente a *expresar*; y en las oraciones 2 y 3 (en esta última, elíptico: *neque id dicit quod vox significat... neque id quod vult...*), en el sentido más estricto de *crear una realidad lingüística relativa a...*

Tal es la perspectiva jurídica para el derecho clásico, directamente configurada por concepciones lingüísticas estoicas y por la técnica procesal del sistema de acciones, y divergente de la perspectiva retórica, que plantea la opción entre *dictum* y *voluntas* y que ha accedido al pensamiento jurídico moderno a través de una trayectoria que, desde el derecho romano postclásico y justinianeo, culminó en la construcción pandectista del negocio jurídico.

El segundo texto sobre cuya coherencia con los examinados de Marcelo, D. 32, 69 pr., y Paulo, D. 34, 5, 3, deseo llamar la atención es el siguiente:

> D. 33, 10, 10 *Iavolenus libro tertio ex posterioribus Labeonis: Qui vestem omnem et res plurium generum supellectilis expenso ferre solitus erat, is uxori supellectilem legaverat. recte negabant vestem legato cessuram Labeo Ofilius Cascellius, quia non posset videri vestis appellatione supellectilis contineri*[139].

El testador ha ordenado un legado en favor de su esposa cuyo objeto es el *supellex*, expresión por él utilizada. Esta palabra tiene un significado objetivo, atinente al ámbito económico familiar, que es el conjunto del mobiliario o ajuar doméstico[140]. No incluye el vestuario[141], pero, sin embargo, el disponente sí lo consideraba incluido (así como también otras cosas de diversa naturaleza), por cuanto solía anotar como gastos de *supellex* los correspondientes a

139 Para la conexión del criterio expresado en el texto con el de Servio y Celso en D. 33, 10, 7, 2, cfr. Bretone, Storia del diritto romano (1991), 321 n. 74.

140 V. la definición genérica de Pomponio y Florentino, en D. 33, 10, 1-2, así como las precisiones jurisprudenciales en el resto del título. A partir de la expresión de Florentino (*res moventes non_animales*), cobra pleno sentido la traducción "mobiliario" contenida en la ed. del Digesto de A. d'Ors, F. Hernández-Tejero, P. Fuenteseca, M. García-Garrido y J. Burillo, Pamplona, 1968.

141 Además del propio texto de Javoleno (*non posset videri vestis apellatione supellectilis contineri*), cfr. Pomponio *libro sexto ad Sabinum*, D. 33, 10, 1: "..., *quod neque argento aurove facto vel vesti adnumeretur*".

aquél. Otorgaba, por consiguiente a la palabra *supellex* un sentido subjetivo mas amplio que el que le asigna el uso común. Ante la cuestión de si el heredero vendría obligado a entregar a la legataria el vestuario como integrante del legado, Javoleno, en la tradición de Labeón, Ofilio y Cascelio que con expresa aprobación invoca[142], se pronuncia negativamente, *quia non posset videri vestis appellatione supellectilis contineri*. En efecto: el causante ha empleado la voz significante *supellex*, y ha resultado *manifestum* (v.g., mediante sus anotaciones de contabilidad doméstica)[143] que por tal entendía no sólo el mobiliario o ajuar, sino también los vestidos. Así pues, su representación conceptual relativa a dicho significante era coincidente en parte con el significado objetivo, y en parte no. En lo que hace al mobiliario, él lo entendía comprendido en la expresión utilizada y también cualesquiera destinatarios de su manifestación, como, en concreto, la legataria, el heredero y, eventualmente, el

[142] La cita de estos juristas por parte de Javoleno resulta interesante desde diversos puntos de vista. Es, en primer lugar, una de las escasas citas directas de Cascelio por juristas clásicos del Principado, ya que sus obras fueron conocidas fundamentalmente a través de Labeón. Es curioso, además, que otra de esas pocas citas, la de Celso *libro vicensimo quinto digestorum* D. 50, 16, 158, venga también a revelar, como la que ahora comento, el interés de Cascelio por las cuestiones lingüísticas, en concreto la utilización frecuente en el lenguaje jurídico del singular para significar el plural. También, la referencia de Javoleno es denotadora de un criterio lingüístico asentado, a la vista de la disparidad de trayectorias de los juristas invocados. En efecto, la formación jurídica de Ofilio proviene de Servio Sulpicio Rufo, en tanto que la de Cascelio lo hace de Quinto Mucio Escévola, a través de Volcacio. A su vez, Ofilio es maestro de Labeón (como también lo es de Capitón), pero ello no supone que entre maestro y discípulo exista siempre acuerdo doctrinal: cfr., por ejemplo, su desacuerdo sobre la importante cuestión de la validez de la compraventa en la que se encomienda la fijación del precio a un tercero, en Torrent, BIDR XCVIII-XCIX (1996), 98. Y desde la perspectiva ideológica, resulta que, en tanto Cascelio criticó absolutamente el periodo dictatorial de Cesar, Ofilio es presentado por Pomponio como *Caesari familiarissimus*. Sobre éste y otros detalles relativos a Ofilio y Cascelio, v. las aportaciones, respectivamente, de F.J. Andrés y R. Domingo en la obra, coordinada por éste último, Juristas Universales, Vol. I Juristas antiguos (2004), pags. 141-142 y 135-137, así como la bibliografía por ellos citada.

[143] La expresión "... *supellectilis expenso ferre solitus erat*,..." hace referencia a los correspondientes *nomina arcaría*, que tienen, precisamente, valor probatorio: cfr. G. 3, 131.

juez, por lo que existe una indudable *concordia dicendi et exaudiendi* centrada en el *lekton*. El causante, por lo tanto, ha materializado la correspondiente realidad lingüística, susceptible de ser subsumida con éxito en un modelo abstracto formulario que aluda, como objeto de la reclamación procesal, al *mobiliario*. Ahora bien, si lo que la legataria pide (y, por lo tanto, se integra en dicho modelo) es el *vestuario*, resultará que, aunque el testador lo entendiese comprendido en el significado de la palabra *supellex*, es lo cierto que el sentido objetivo de ésta es otro, por lo que habrá faltado en la ordenación del legado la voz significante correspondiente a esa imagen mental y, por consiguiente, no se habrá constituido realidad lingüística alguna relativa a dicha imagen albergada por el disponente, razón por la cual, al tiempo del cotejo por parte del juez de lo acontecido en el mundo exterior con el modelo formulario, habrá de producirse, conforme al juego de la lógica procesal, la absolución del heredero demandado. Así debe entenderse, según lo estimo, el argumento de Javoleno; "... *non posset videri vestis appellatione supellectilis contineri*".

En conclusión, habiendo empleado el testador el término *supellex*, y conforme a las pautas de la jurisprudencia clásica, acontece que: a) deberá el heredero ser condenado si el objeto de la acción ejercitada contra él es el conjunto del mobiliario, o cualquiera de los objetos que lo integran, sin que sea admisible la interferencia de *voluntatis quaestio* alguna, ya que *non ... a significatione verborum recedi oportet*[144]; b) deberá ser absuelto, en cambio, si la acción viene referida al vestuario, puesto que, aunque se haya mostrado *manifestum* que el disponente lo entendía comprendido en la voz *supellex* empleada, resulta que, en realidad, y por lo que hace exclusivamente a su imagen mental del vestuario, *aliud dicit quam vult*, con lo que nada dice (no ha realizado disposición alguna) en relación con los aludidos vestidos *quia id non loquitur*[145].

---

144 D. 32, 69 pr. *Marcellus libro singulari resp.*

145 D. 34, 5, 3, *Paulus libro quarto decimo quaest.* Repárese en que esta solución no sería posible, sino que, por el contrario, procedería la condena del heredero, en el esquema retórico-pandectista "voluntad interna-declaración", una vez *manifestum* que el disponente consideraba los vestidos como *supellex*.

2.3. EXPRESIÓN DE SENTIDO EQUÍVOCO

La clave lingüística que subyace a los textos analizados explica también el criterio de los juristas ante manifestaciones negociales de sentido equívoco o, si se prefiere, que puedan encerrar mas de un significado objetivo en el ámbito de una determinada comunidad hablante[146]. Ante una expresión de esta categoría, sucederá que se estará en presencia de una voz significante que, en principio, podrá encarnar tantas realidades lingüísticas como significados le estén atribuidos en el uso común[147]. Ahora bien, de hecho el sujeto legitimado para reclamar a partir del acto jurídico conformado por una tal expresión ejercitará una acción procesal cuya fórmula contendrá un modelo de exigencia formal concreto, lo que impondrá al juez la necesidad de comprobar si el acontecimiento material acaecido en la realidad se adecúa o no a

---

[146] O comunidad lingüística. Esta noción es fundamental en relación con la de *significación objetiva*, pues delimita un ámbito de experiencia común sobre la realidad no lingüística, que es lo que, a fin de cuentas, subyace a toda lengua; idea ésta que se remonta, mas allá de la lingüística moderna y del propio Saussure, a Cassirer, Whorf y, fundamentalmente, a W. v. Humboldt, con su concepción de la *Weltanschaung* ínsita en cada una de las lenguas: cfr., sobre ello, Mounin, Claves para la lingüística (trad. F. Marcos) (1976), 63-64. Para la equivalencia entre "comunidad hablante" y "comunidad lingüística" –"speech community" y "linguistic community"–, cfr. R.A. Hudson, Sociolinguistics (1996), 24. V. también el repaso crítico de este autor a las definiciones ofrecidas por los lingüistas J. Lyons, Ch. Hockett, L. Bloomfield, J. Gumperz, W. Labov, D. Hymes, M. Halliday, R. Le Page y D. Bolinger (pags. 24 SS.).

[147] Para la noción técnica de *polisemia*, o *polisememia*, pueden verse, por ej., las precisiones que pfrece C. Kerbrat-Orecchioni, La connotación (original francés "La connotation") (1983), 274; cfr. también Crystal, D., A Dictionary of Linguistics and Phonetics (2003), voz "polysemi", 359. Conforme a la *teoría contextual de la significación*, llevada al extremo por Wittgenstein –en el *Tractatus Logico-Philosophicus* (1919), v. por ej., 3.3, 4.002 y 6.211–, habrían de ser determinados los *usos lingüísticos* efectivos de ese significante. V., sobre *sentido* y *uso*, en puntualización crítica a Wittgenstein, Katz, J.J., The Metaphysics of Meaning (1990), 36 ss. El concepto moderno de *polisemia* coincide con el de ὡμονυμία y el mas amplio de ἀμφιβολία, consideradas una variedad de la ἀνομαλία(semántica) de gran arraigo en el pensamiento estoico a partir de Crisipo y Diógenes de Babilonia: cfr. el documentado estudio, ya cit. en n. 114 y 121, de A. Guzmán, BIDR XXXIX (1997, publ. 2003), 419 ss., en esp. 420 y 432, así como las fuentes y bibliografía allí reseñadas;, también, de este mismo autor, Historia de la interpretación... (cit. en n. 35), 61 ss., 82 ss.

ese modelo, o, lo que es lo mismo, si la realidad lingüística alumbrada por el manifestante es *precisamente* la descrita en aquél. Aparentemente, a la vista de la voz significante empleada, puede serlo; pero, si dicho significante es apto para albergar, v.g., los significados a, b y c, deberá el juez asegurarse de que alberga justamente aquél de los tres que, como contenido del significante y juntamente con él, constituya la realidad lingüística referenciada en el modelo formulario, y no otra integrada por el mismo significante pero con distinto significado. Y, para ello, será precisa la determinación del sentido que, entre los tres posibles, pretendió el sujeto infundir a su expresión, esto es, el sentido *en el que él la empleó*[148]. Sea cual fuere este sentido, concordará con el uso común, pues los tres pertenecen a su ámbito; pero sólo uno de ellos podrá constituir el *lekton* en el que tendrá lugar la *concordia dicendi et exaudiendi* entre el sujeto que se expresó y el que ahora reclama[149]. De su determinación, consiguiente identificación indubitada de la realidad lingüística producida y comprobación de que, en efecto, la misma encaja con precisión en el modelo formulario, dependerá la condena del demandado. Tal es la tarea hermenéutica que se impone al juez y que, por ello, fue objeto de reflexión por parte de los juristas.

Si la *voluntatis quaestio* debe excluirse *cum in verbis nulla ambiguitas est*[150], su consideración se impone como necesaria, en cambio, en el supuesto que se contrapone a éste, a saber, *in ambiguo sermone*. En efecto, manifiesta el propio Paulo:

> D. 34, 5, 3 *Paulus libro quarto decimo quaestionum* (primera parte): *In ambiguo sermone non utrumque dicimus, sed id dumtaxat quod volumus*: ...

---

148 Desde otra perspectiva, cuál sea la realidad extralingüística *mentada* por la voz significante, porque, en definitiva, el signo lingüístico, integrado por *significante* y *significado*, es *signo* porque "está por" la cosa cuando un hablante se refiere mediante él a la cosa: cfr. Alonso-Cortés, A., Lingüística (2002), 48.

149 El *lektón* tiene, en efecto, una dimensión de enlace entre la entidad lingüística y la realidad extralingüística a la que se refiere, τό τυγχάνον, en la denominación de Sexto Empírico: cfr. P. Matthews, loc. cit. en n. 97.

150 D. 32, 25, 1 *Paul. libro primo ad Neratium*; o, dicho de otro modo, en tales supuestos *non a significatione verborum recedi oportet* (D. 32, 69 pr. *Marcellus libro singulari responsorum*), porque *nulla ambiguitas* es equivalente a *significado unívoco*, u objeto –o grupo de objetos– referenciado único.

Se trata del principio general ante expresiones de sentido equívoco: cuando el sujeto ha utilizado una expresión significante apta para albergar más de un significado objetivo, no ha construido tantas realidades lingüísticas como significados corresponden a aquella expresión, sino solamente una[151], integrada por la voz significante y el significado objetivo en el que ésta ha sido empleada. Deberá, pues, determinarse cuál, de entre los posibles, haya sido ese *sentido en el que el hablante empleó la expresión*, al efecto de identificar la entidad lingüística realmente generada, entre las demás potenciales, y poder subsumirla en el modelo formulario con la finalidad de derivar de dicha subsunción la condena o absolución del demandado. Tal es la *voluntatis_quaestio* que ha de resolver el juez, la fijación del "*id quod volumus*" al que alude el texto de Paulo, es decir, del sentido en el que el sujeto del negocio empleó la expresión ambigua, o, lo que es lo mismo, susceptible de albergar más de un significado en el uso común[152]. "*Voluere*" hace referencia, por lo tanto, a una *dotación de sentido a sus palabras, a su "sermo", por parte del hablante*, de entre los varios sentidos que pueden corresponderles, y no a un acto íntimo –y, como tal, recóndito e inescrutable– de carácter psíquico[153];

[151] Resulta especialmente idiomático en la lengua latina el matiz limitativo, excluyente, que aporta la expresión *id dumtaxat*: cfr. Oxford Latin Dictionary (ed. 1968) I, 579: "2 (limiting the scope of an action, etc.) No more than, only, just". V. también Leumann-Hofmann Szantyr, Lateinische Grammatik (1972) II, 618. Un importante texto paralelo al que ahora analizo –puesto que contiene la misma idea– es D. 50, 16, 125 *Proculus libro quinto epistularum: ... qui ambigue loquitur, id loquitur, quod ex his quae significantur sensit*; sobre esta correspondencia, v. *infra*, n. 251, así como A. Guzmán, Historia de la interpretación... (cit. en n. 35), 100 ss.

[152] En términos lingüísticos, se trata de aislar ese *sentido* en el *campo semasiológico* –también llamado *campo semántico* o de *significaciones*– que corresponda a la voz o expresión significante. V., sobre esta cuestión, K. Baldinger, Teoría semántica (Hacia una semántica moderna)) (1970), 35 ss. Esta clásica y valiosa obra, en parte, fue escrita originariamente en español, y en otra parte traducida del alemán por E, Lledó, L. López Molina, J. Mondéjar y J. L. Rivarola; Crystal, D., ob. cit en n. 147, voz "semantic field", 411.

[153] Así, los *nomina* –o el *sermo*– están dotados de una determinada *voluntas*, que no es otra cosa que su concreto *significado* lingüístico: cfr. Forcellini, Furlanetto, Corradini, Perin, *Lexicon Totius Latinitatis* (MCMLXV) T. IV, voz "*voluntas*", pag. 1034: ''II.) *Translate refertur ad res et est significatio, sensus, vis*". En

y, en consecuencia, la *voluntatis quaestio* es un problema, para los juristas y a diferencia de la visión retórica, *de naturaleza lingüística y no psicológica*, que, desde luego, y por ello, carece absolutamente de sentido plantear *cum in verbis nulla ambiguitas est*. Si tal cosa se hiciese, esto es, si ante una expresión de sentido unívoco se suscitase una *voluntatis quaestio,* se estaría traspasando artificiosamente el plano lingüístico y centrando la indagación en el psicológico, irrelevante al efecto de constatar la existencia o inexistencia del acontecimiento material externo que ha de cotejarse con el modelo formulario, constatación y cotejo a los que se ciñe la función del juez previa al pronunciamiento de su sentencia.

El mismo principio es proclamado por Paulo en otro lugar, y con una variante expresiva de gran interés:

> D. 34, 5, 21(22) pr. *Paulus libro quarto decimo ad Plautium: Ubi est verborum ambiguitas, valet quod acti est, veluti cum Stichum stipuler et sint plures Stichi, vel hominem, vel Carthagini, cum sint duae Carthagines*[154].

La comparación formal de este texto (en su primera parte, hasta *veluti...*) con el anterior, y el entendimiento de ambos desde la perspectiva lingüística expuesta, puede permitirnos, en efecto, extraer alguna conclusión sustantiva válida sobre el *id quod actum*, expresión tan del agrado de la jurisprudencia clásica[155], como, por ello mismo, de la moderna reflexión doctrinal[156].

---

este sentido de la *voluntas nominis,* Quintiliano, *Inst. Orat.* 7, 10, 1: "... *Nam et in finitione quae sit voluntas nominis quaeritur...*"; despejar esta cuestión –*quae sit voluntas nominis*– resulta necesario cuando el *nomen* es *ambiguum*: "*Pluribus verbis emendandum ubi est id quod quo referatur dubium est, et ipse est ambiguum*" (*Inst. Orat.* 7, 9, 12).

154 Es estilísticamente correcta la conjetura de Mommsen, "*hominemve*" en lugar de "*vel hominem vel*" (*ed. maior, ad. h. l.*, T. II, pag. 175, n. 5), si bien el sentido del texto no resulta sustancialmente afectado.

155 Es bien conocido su repetido uso *tecnificado* en los textos: v. Betti, Istituzioni di Diritto romano I (1942), 142, n. 8.

156 Básicamente, por todos: Pringsheim, SZ 78 (1961), 1 ss.; Gandolfi, Studi sull'interpretazione degli atti negoziali in diritto romano (1966), 116 ss.; Kunkel/Honsell, RR (1987), 87 ss.; Burdese, Miscellanea Romanistica (Madrid, 1994), 31 ss. El mismo artículo, Note sull'interpretazione in Diritto romano, en BIDR XCI (1988).

Para llevar a cabo el cotejo de los dos textos, incluiré entre paréntesis algunas palabras que pueden suponerse elípticas en ellos[157], y que facilitan la observación del isomorfismo existente entre uno y otro:

	Paul. D. 34, 5, 3	Paul. D.34, 5, 21 (22) pr.
1)	*In*..	*Ubi est*
2)	*ambiguo sermone*......................	*verborum ambiguitas*
3)	*non utrumque*..............................	(*non utrumque*)
4)	*dicimus*..	(*valet*)
5)	*sed id dumtaxat* (*dicimus*).............	(*sed id*) *valet*
6)	*quod volumus*................................	*quod acti est*

Fijémonos, en primer lugar, en las líneas 1 a 5. Resulta patente, en cada una de ellas, la correspondencia sintáctica entre las palabras (expresas o elípticas) pertenecientes a D. 34, 5, 3 y las correlativas de D. 34, 5, 21(22) pr. Pero existe también una correspondencia semántica clara en las líneas 1, 2 y 3. En cuanto a las líneas 4 y 5, esta última correspondencia, si bien no se percibe de inmediato, ya que los verbos "*dicere*", empleado en el primero de los fragmentos, y "*valere*", en el segundo, representan ideas en principio diferentes, puede, sin embargo, darse por existente en un sentido amplio, a la vista de la indudable homogeneidad funcional de las expresiones utilizadas en uno y otro textos: se trata, en definitiva, en ambos, de determinar *qué sea lo realmente expresado*, esto es, lo *ciertamente dicho* (D. 34, 5, 3) o *lo expresado con validez* (D. 34,5,21(22) pr.) en el ámbito de la comunicación y, en consecuencia, relevante en el plano jurídico[158].

---

[157] Las elipsis en los textos pueden llegar a ofrecer un destacado interés filológico. La cuestión atrajo ya la atención de Antonio Agustín, quien, en sus *Emendationum et opinionum iuris civilis libri quattuor* (Venecia, 1543), II, I, advierte sobre la frecuencia de esta figura en el Digesto, al haber recibido los correspondientes textos su configuración definitiva *graeco dicendi genere*. Cfr., sobre ello, R. Röhle, SZ 120 (2003), 177 ss.

[158] La comunicación *válida*, es decir, efectivamente transmisora de la experiencia deseada de una persona a otra, constituye la principal función de la lengua, y puede adoptar, además de las formas de simple declaración o de ruego, la de *orden*: cfr. A. Martinet, El lenguaje desde el punto de vista funcional (trad. De M. R. Lafuente de Vicuña del original inglés A Functional View of Language, 1962) (1971), 38. Esta forma comunicativa de *orden* es la que reviste la declaración nego-

Reparemos ahora en la línea 6. Puesto que en todas las anteriores existe una doble correspondencia, sintáctica y semántica, entre las expresiones de D. 34, 5, 3 y las correlativas de D. 34, 5, 21(22) pr. y, en ésta última, es clara también la correspondencia sintáctica entre "*quod volumus*", del primero de los textos, y "*quod acti est*", del segundo, resulta lícito colegir la equivalencia semántica entre ambas expresiones[159]. *Quod acti est,* en el uso de D. 34, 5, 21(22) pr., significa, por lo tanto, lo mismo que *quod volumus* en D. 34, 5, 3, aseveración que resulta reforzada si consideramos que los dos fragmentos pertenecen al mismo jurista[160]. Y, como he hecho observar, *quod volumus* en D. 34, 5, 3 alude no a un acto volitivo de índole psicológica, sino a un *acto de integración de una entidad lingüística, mediante la dotación por el hablante de un determinado sentido (de entre los varios consagrados por el uso común) a la voz significante, en el momento de la utilización de ésta con la finalidad de comunicación que le es propia*. Así, al servirse de la voz significante *en un*

---

cial en razón de su carácter normativo como *lex privata*: v. Larenz, Methodenlehre der Rechtswissenschaft (1991), 297 ss.

[159] La estructuración de ambos textos que ofrezco permite observar la relación de *analogía por proporcionalidad* existente entre las distintas expresiones de uno y otro en una doble perspectiva: en primer lugar, en sentido "*horizontal*", *dentro* de cada una de las líneas 1, 2, 3, 4 y 5, cada expresión de D. 34, 5, 3 se corresponde con su correlativa de D. 34, 5, 21 (22) pr. tanto en el plano sintáctico como en el semántico; y en la línea 6 es patente la correspondencia sintáctica. Además, en sentido "*vertical*", en la relación estructural de cada una de las líneas 1, 2, 3, 4 y 5 con las demás, la *proporcionalidad* estriba en la "*correspondencia de correspondencias*", puesto que la sintáctico-semántica existente *dentro* de cada línea se corresponde formalmente con la que acusa cada una de las restantes. Así pues, el *isomorfismo* gramatical que esta doble *proporcionalidad analógica* conforma impone que, al igual que sucede en las líneas 1, 2, 3, 4 y 5, también en la 6 las expresiones "*quod volumus*" y "*quod acti est*" sean semánticamente equivalentes. Sobre *analogía por proporcionalidad* y, según la noción moderna, isomorfismo, cfr. Aristóteles, Poet. 1457b, 16 ss.; Sto.Tomás de Aquino, *De veritate*, 2, 11c; Bochénski, ob. cit. en n. 90, 190-192; así como mi análisis textual en AHDE 50 (1980), 769 ss.

[160] En rigor, el contenido de D. 34, 5, 21 (22) pr. corresponde, probablemente, a Plautio, si bien es *homologado* por Paulo. En efecto, aunque se trata de uno de los fragmentos de los *Ad Plautium libri XVIII* en los que ha caído la atribución expresa *Plautius*, o *Plautius ait*, apunta a dicha paternidad la construcción, en primera persona, del ejemplo: "*...veluti cum Stichum stipuler...*"; cfr. Schulz, History (1953), 215-216.

determinado sentido (objetivo) y no en los demás, el comunicante está alumbrando *una entidad lingüística concreta y no otras distintas*, que, potencialmente, también hubiesen podido ser alumbradas, cada una de ellas, si se hubiese empleado la misma voz significante en algún otro de los sentidos objetivamente posibles. Y, una vez creada, esa entidad lingüística tiene ya una existencia *real y propia, externa al sujeto que la ha generado e independiente de él*[161]. Por lo tanto, indagar en ella el significado que encierra la voz significante (el que en su momento infundió *de facto* a la misma quien la utilizó), con la finalidad de precisar de qué entidad lingüística se trate, *no es una operación de prospección psicológica, sobre la psique del sujeto, sino sólo de prospección lingüística, llevada a cabo sobre un objeto externo a dicho sujeto*.

En definitiva, puesto que así es como ha de entenderse *quod volumus* en D. 34, 5, 3, el mismo sentido ha de atribuirse, según lo estimo, a la expresión *quod acti est* en D. 34, 5, 21(22) pr., que alude, por lo tanto, *a la entidad lingüística puesta en existencia por el autor (o autores) de la declaración, al haber empleado la expresión significante con uno, determinado, de sus significados en el uso común y, en consecuencia, con exclusión de los restantes*[162].

---

[161] Es justamente lo que E. Betti, Teoría general del negocio jurídico (Trad. de Martín Pérez del original Teoria generale del negozio giuridico, 2ª ed., 1955) (1959), 57, predica del *precepto* en que consiste la declaración negocial. En general, sobre la naturaleza *normativa* de ésta, v. pags. 52 ss.

[162] Propongo, así, una nueva perspectiva, de carácter lingüístico, para el correcto entendimiento de la expresión *id quod actum est*, como "lo lingüísticamente puesto en acto", esto es, "actuado" o "actualizado", frente a lo inicialmente "potencial". En efecto, el hablante (o los hablantes) tiene a su disposición diversos signos pertenecientes al *sistema de la lengua* y, de entre ellos, elige determinados *significantes* con unos concretos *significados* para la creación de su expresión comunicativa en el nivel del *habla*, con lo que "pone en acto", "actúa" o "actualiza" esos signos lingüísticos, conformando, de esta manera, su mensaje.Tengase en cuenta la acepción de *agere* como "*externo actu rem aliquam perficere*" (Forcellini-Furlanetto cit. en n. 153, T. I, pag. 163), pudiendo, desde luego, consistir una tal "*aliqua res*" en un *signo o expresión lingüística* y el "*externus actus*" en el *acto concreto de habla* (en sentido lingüístico) llevado a cabo por el (o los) comunicante (s), v.g., el (o los) sujetos(s) de un negocio jurídico. En este sentido de llevar a término o completar una concreta expresión lingüística, atiéndase a la siguiente acepción de *agere*, recogida en *Thesaurus Linguae Latinae*, Vol. I, Fasc. V (MDCCCCIII): en el epígrafe introductivo al abanico

Por lo demás, el resto del fragmento sirve para confirmarnos que mediante la expresión "*verborum ambiguitas*"[163] hace referencia el jurista a lo que constituye el ámbito de razonamiento en el que ahora discurrimos, esto es, manifestaciones integradas por significantes lingüísticos susceptibles de albergar más de un significado objetivo en una concreta comunidad hablante: "*..., veluti cum Stichum stipuler et sint plures Stichi, vel hominem, vel Carthagini, cum sint duae Carthagines*"[164].

---

de significaciones de *ago*: "II *de negotiis, officiis, operibus, quae homines peragere solent*: ... B *verbis, sermone, scriptis, accedente in quibusdam gestu et modulatione*" (pag. 1367); mas adelante, en el desarrollo de este apartado: 1 *extra iudicium*: *a in vita privata vel generaliter (loqui, sermocinari, disputare, quaestionem habere)*" (pag. 13 91); v., también, en pags. 1391-1392, la multiplicidad de ejemplos de pasajes literarios. Considérese, además y a la vista de lo expuesto, que no por casualidad la palabra "*actualización*" tiene un sentido técnico en lingüística, designando *la realización concreta de una unidad en el nivel del habla, por oposición a su existencia abstracta en el sistema de la lengua*: cfr. Mounin, G., Dictionnaire de la linguistique (1974), voz "actualisation", pag. 9; añadiendo más adelante, en la misma pag., que, en lo que hace a los monemas, la actualización afecta en ellos más bien al sentido que a la función: *una sola de las virtualidades semánticas o sintácticas del monema será efectivamente realizada en un enunciado concreto.* ¿No es sorprendente la sintonía de estas reflexiones con la manifestación de Plautio-Paulo, "*ubi est verborum ambiguitas, valet quod acti est, ...*"? Obsérvese, en fin, que esta perspectiva de *creación real* de signos lingüísticos mediante una actividad de *habla* a partir de los que en abstracto, y *a priori* al hablante, forman parte del sistema de la *lengua* concuerda plenamente con la integración, puesta de manifiesto por la doctrina romanística, entre los aspectos subjetivo y objetivo del *id quod actum*: cfr. Kunkel/Honsell, RR (1987), 89 y bibl. cit. en n. 18.

163 O *ambiguus sermo*, como en D. 34, 5, 3.

164 A saber, la antigua capital cartaginesa y la que al filo del último cuarto del siglo III a. C. fundara Asdrúbal, con el nombre de Qart Hadasht (ciudad nueva), en la costa sureste de la península Ibérica, y que, tras su conquista para Roma por Escipión el Africano en 209 a. C. fuera rebautizada como *Carthago Nova*. Sobre la significación geopolítica y consecuencias de esta fundación (así como de la de Akra Leuke) para la reanudación de las hostilidades entre Roma y Cartago y el comienzo de la segunda guerra púnica, en 218 a.C., v. la precisa exposición de A. Fernández de Buján, Derecho Público Romano (2010), 330 ss. Curiosamente, en la época en que escribe Plautio, la Cartago que con más propiedad podía llamarse "*nova*" era la ciudad norteafricana, que se venía reconstruyendo desde sólo unos cien años antes, tras la destrucción total del primitivo emporio cartaginés, al finalizar la tercera guerra púnica, en 146 a.C. Su importancia para Roma se iría consolidando hasta su incorporación al *ius Italicum*, por decisión de Septimio Severo y Antonino Caracala: D. 50, 15, 8, 11 *Paul. lib. sec. de censibus*.

Las ideas derivadas de la reflexión sobre los dos textos de Paulo de los que me he venido ocupando, D. 34, 5, 3 y D. 34,5, 21(22) pr., nos proporcionan una valiosa clave para el entendimiento correcto de otros diversos. He aquí mi lectura de una muestra de ellos (seleccionada en atención a su idoneidad representativa), extensible, según lo estimo, a otros muchos:

> D. 18, 1, 6, 1 *Pomponius libro nono ad Sabinum: Si fundus annua bima trima die ea lege venisset, ut, si in diem statutum pecunia soluta non esset, fundus inemptus foret et ut, si interim emptor fundum coluerit fructusque ex eo perceperit, inempto eo facto restituerentur et ut, quanti minoris postea alii venisset, ut id emptor venditori praestaret: ad diem pecunia non soluta placet venditori ex vendito eo nomine actionem esse. nec conturbari debemus, quod inempto fundo facto dicatur actionem ex vendito futuram esse: in emptis enim et venditis potius id quod actum, quam id quod dictum sit sequendum est, et cum lege id dictum sit, apparet hoc dumtaxat actum esse, ne venditor emptori pecunia ad diem non soluta obligatus esset, non ut omnis obligatio empti et venditi utrique solveretur.*

Presenta el jurista un supuesto de venta de un fundo, matizada por una típica *lex commissoria* ("... ea *lege venisset, ut, si in diem statutum pecunia soluta non esset, fundus inemptus foret* ...")[165] y con especificación de algunos efectos concretos que, llegado el caso, habrán de producirse a cargo del comprador y en favor del vendedor como consecuencia de dicho pacto, a saber, restitución de los frutos eventualmente obtenidos por el comprador y compensación por la diferencia de precio, en menos, en que el fundo fuese posteriormente vendido a otra persona. Producido el impago en el término convenido –prosigue–, corresponderá al vendedor la *actio venditi* para la reclamación de dichos efectos, lo que podría, en principio, produ-

[165] D. 18,3 *De lege commissoria*. En la doctrina, por todos: Levy, Symb. Friburgenses O. Lenel (1931), 108 ss.; Daube, RIDA 5 (1957), 427 ss.; Biscardi, St. Betti 2 (1962), 575 ss.; Wesel, SZ 85 (1968), 95 ss.; Flume, Festsch. Kaser (1976), 309 ss; así como el trabajo de P. Zilotto Vendita con "lex *commissoria*" e "*in diem addictio*": la portata dell'espressione "*res inempta*", en Il ruolo della buona fede oggettiva (AA. VV.) 4 (2003), 475 ss.

cir cierta perplejidad[166], puesto que, una vez tenido el fundo por "no comprado", ¿cómo admitir que a partir de dicha "no compra" pueda derivarse, o subsistir, acción alguna y, en concreto, la *actio venditi*? La explicación de Pomponio viene a renglón seguido y arranca del enunciado de un *topos*[167], cuyo sentido para el jurista, y para la jurisprudencia clásica en general, conviene precisar.

Proclama, en efecto, que "*in emptis enim et venditis potius id quod actum, quam id quod dictum sit sequendum est*". Y vaya por delante esta aseveración: *no se trata de la contraposición verba-voluntas tal como modernamente se entiende*; no está presuponiendo el jurista que en el caso que propone se esté ante una expresión (*id quod dictum*) discrepante de la supuesta voluntad interna de los contratantes (*id quod actum*), ante lo cual haya de darse preferencia a ésta sobre aquélla. No es así, por más que el texto, a primera vista, parezca reflejar la aludida contraposición. En realidad, dicho antagonismo metodológico entre las palabras y la voluntad entendida en sentido psicológico, tal como lo concibiera la retórica, forma parte de los hábitos mentales del jurista moderno, a partir de que la Pandectística lo situara en la base de la hermenéutica jurídica[168]. De una manera inercial, y prácticamente inconsciente, nosotros nos acercamos a los textos romanos con esta estructuración intelectual, o construcción dogmática, *a priori*, lo que puede dar lugar –lo da, de hecho,

---

166 Sentido preciso de "*nec conturbari debemus*": "no debemos sumirnos en la perplejidad"; admonición de marcado carácter didáctico, típica del estilo de un jurista, Pomponio, el cual "häufig neben Gaius gestellt und der akademischen, sammelnden, ordnenden und lehrenden *Nebenströmung* der hochklassischen Jurisprudenz zugewiesen wird": cfr. D. Norr, Pomponius oder "Zum Geschichtsverständnis der römischen Juristen", en Aufstieg und Niedergang der römischen Welt. IIPrincipat, Fünfzehnter Band (1976), 497-604 (la cita en pag. 510). Esta magnífica monografía sobre Pomponio, también en Norr, *Historiae iuris antiqui* (2003), 985 ss. Sobre las influencias culturales y filosóficas (sobre todo, estoicas, aunque también aristotélicas) detectables en la obra de Pomponio, v. Stolfi, E., Studi sui "Libri ad edictum" di Pomponio I, Trasmissione e fonti (2002), 277 ss.

167 Para la atribución de tal carácter,. v. Kunkel/Honsell, RR (1987), 87.

168 V. *supra*, n. 31. Sobre la significación intelectual y la influencia de la Pandectística en el pensamiento jurídico alemán y, en general, europeo a partir de bases ideológicas, sociales, políticas y científicas de su tiempo, cfr. la penetrante exposición de Wieacker, Privatrechtsgeschichte der Neuzeit (1967), § 23.

en muchas ocasiones– a que leamos su contenido conformándolo a la misma[169], riesgo que en el fragmento que ahora analizo, y dada la configuración gramatical de su último párrafo[170], incide con particular intensidad. En rigor, para Pomponio, ni *id quod actum* hace referencia a la voluntad en sentido psicológico, ni *id quod dictum* a una expresión desconectada de dicha voluntad, ni, en fin, se trata de enfrentar estos dos elementos al efecto de optar por uno de ellos. La cuestión debe enfocarse, creo, de otra manera.

La manifestación atribuida por el jurista a los contratantes, o, más en concreto, al vendedor (*si fundus annua bima trima die ea lege venisset,...*) incluye una expresión, *fundus inemptus foret*, en la que reside toda la problemática hermenéutica[171]. "*Inemptus*" significa literalmente "no comprado", lo que supone, si tal es el sentido que hemos de atribuir a la manifestación negocial, que, sobrevenida la circunstancia del impago en el plazo convenido, y en razón de esa misma manifestación, no subsiste contrato de compraventa alguno que tenga por objeto aquel fundo, ni, en consecuencia, acción alguna en favor de una u otra de las partes, derivada de un tal contrato. El fundo, en definitiva, ha devenido, o "se ha hecho", de conformidad al sentido literal de la declaración, del *dictum*, "no comprado" (... *inempto fundo facto*...).

Ahora bien, Pomponio quiere llamar la atención sobre el hecho de que el sentido literal del término *inemptus*, excluyente de la subsistencia del contrato de compraventa y, por ello, de todos sus efectos, no es el único posible. *Inemptus*, como voz utilizada en la declaración nego-

---

[169] Nunca serán excesivas cuantas llamadas se haga a la prudencia ante la interposición dogmática, más o menos o, a veces, nada consciente, en la labor exegética. En ésta, tendrá generalmente desastrosas consecuencias aquella "eventuale *deformazione* dipendente dalla messa a profitto della dogmatica giuridica", que E. Betti (Istituzioni di diritto romano I, 1947, X) consideraba, en la historia del derecho, "plenamente giustificata dal suo valore ricostruttivo", de la misma manera que, en el arte, "la *deformazione* é giustificata dal suo valore espressivo". La dogmática debe, en todo caso, limitar su papel a constituir un simple "modelo heurístico": cfr. Wieacker, Notizen zur rechtshistorischen Hermeneutik (1963), 18; Zeitsch. f. historische Forschung, 5 Band, Heft 1 (1978), 83.

[170] Me refiero, en concreto, a la expresión adverbial comparativa "*potius... quam*", que parece presuponer la diferenciación e, incluso, contraposición entre las nociones "*id quod actum*" e "*id quod dictum*".

[171] Para un análisis jurídico sustantivo, v. P. Zilotto, loc. cit. en n. 165.

cial, no es un significante lingüístico de sentido unívoco, sino de sentido equívoco, por cuanto es susceptible de albergar mas de un significado y, en concreto, dos: el literal al que me he referido, desde luego; pero, además, otro mas restringido, en cuanto tocante sólo a una de las dos vertientes del sinalagma, expresadas en la propia denominación del contrato (*emptio-venditio*)[172], reflejo de una relación obligacional en principio simétrica[173]. En este sentido, *inemptus* vendrá no a anular de manera absoluta dicha relación, sino únicamente a transformarla en asimétrica, en cuanto excluyente de la posibilidad de reclamación procesal por parte del comprador, pero no por parte del vendedor: el fundo, producido el impago, habrá de ser considerado *inemptus*, pero no *invenditus*, siendo, por lo tanto, la consecuencia la eliminación de la *actio empti* y no, en cambio, la de la *actio venditi*[174].

El jurista alude expresamente a estos dos sentidos posibles del significante *inemptus* y opta por uno de ellos para, entendiéndolo contenido en aquél, y con exclusión, por consiguiente, del otro, precisar la entidad lingüística construida por el declarante. Manifiesta, en efecto, que cuando se utiliza la aludida voz, nuclear, evidentemente, en el conjunto de la *lex* (*... cum lege id dictum sit...*), se quiere significar solamente que, acaecido el impago en el plazo previsto, no esté obligado el vendedor frente al comprador (*apparet hoc dumtaxat actum esse, ne venditor emptori pecunia ad diem non soluta obligatus esset*), y no que haya de extinguirse toda obligación, tanto de la compra como de la venta, entre uno y otro (*non ut omnis obligatio empti et venditi utri-*

172 D. 50, 16, 19 *Ulp. libro undecimo ad ed.* (con cita de Labeón): "...: *contractum autem ultro citroque obligationem (esse), quod Graeci συνάλλαγμα vocant, veluti emptionem venditionem, locationem conductionem, societatem*: ..."; también, el mismo término συνάλλαγμα referido al contrato de doble vínculo obligacional, en D. 2, 14, 7, 2 *Ulp. libro quarto ad ed.*, esta vez con apoyo en Aristón. Sobre la conexión entre las obligaciones sinalagmáticas a partir de Labeón, Benöhr, Das sogennante Synallagma in den Konsensualkontrakten des klassischen römischen Rechts (1965). Para el origen filosófico de la noción en el pensamiento griego, v. Despotopoulos, C., *Ius Publicum* 14 (2005), 11 ss., y Migliorini, M., Index 37 (2009), 377 ss.

173 Cfr. d'Ors, DPR (2004), 546-547; § 487, pags. 577-579, y su n. 2.

174 Se trata, en definitiva, de una ruptura del inicial equilibrio en la iniciativa procesal, característico de las relaciones obligatorias bilaterales y recíprocas de buena fe: cfr. d'Ors, DPR (2004), 545-547; Kunkel/Honsell, RR (1987), 308-309 y fuentes cit. en n. 25.

que solveretur). La expresión precedente *potius id quod actum, quam id quod dictum sit sequendum est* no puede entrañar discrepancia entre el *actum* y el *dictum*, puesto que a renglón seguido procede Pomponio a explicar qué es lo que debe entenderse "*actum*" cuando se ha empleado aquel "*dictum*" (*cum lege id dictum sit, apparet hoc dumtaxat actum esse,...*), de lo que resulta que el *actum* es plenamente compatible con el *dictum*, en el que es obvio se encuentra integrado. La aparente contradicción entre esto y la frase *potius id quod actum, quam id quod dictum sit sequendum est* sólo se resuelve de forma satisfactoria desde la perspectiva lingüística que vengo exponiendo: la disociación no se produce entre el *actum* y el *dictum*, sino, en rigor, entre la entidad lingüística puesta en existencia por el (o los) declarante(s) al haber empleado la voz significante "*inemptus*" con un concreto significado, y aquélla otra que resultaría de atribuir al mismo significante otro significado distinto, por mas que éste también corresponda en el uso común a dicha voz, e, incluso, resulte ser más inmediato, extendido o técnico, como puede ser, en este caso, el atinente a la disolución absoluta de la relación contractual. El *dictum*, en este último supuesto, sí diferiría del *actum*, pero no cuando viene, precisamente, a encarnarlo, constituyendo, juntamente con el otro significado que el jurista acepta, la realidad lingüística alumbrada por los sujetos. Y es esto, que se trata de *esta* realidad lingüística, lo que Pomponio quiere indicar, determinando cuál haya sido el *id quod actum*, o la *voluntas* (en sentido lingüístico) que encierra el *dictum*[175]. Esta determinación, por lo demás, y como corresponde al ámbito estrictamente lingüístico en que se realiza, nada tiene de indagación psicológica de una supuesta "voluntad interna", como se puede fácilmente comprender, a partir de estas dos consideraciones: en primer lugar, el jurista no está aludiendo a persona concreta alguna cuya psique pueda ser escudriñada, sino que propone, por decirlo en palabras de Horak[176], un caso-tipo genérico: se refiere, en efecto, a cómo ha de procederse hermenéuticamente *in emptis...et venditis*, y a qué sea lo que haya de entenderse *actum*, en general, en

---

[175] V. *supra*, n. 162.

[176] Horak, Osservazioni sulla legge, la casistica e il Case Law nel diritto romano e nel diritto moderno, en Legge, Giudici, Giuristi. Atti Conv. Cagliari 1981 (1983), 67 ss.

abstracto, *cum lege id dictum sit*[177]; y, en segundo lugar, fijémonos en la expresión *apparet hoc dumtaxat actum esse*, con toda la capacidad alusiva a la evidencia observable exteriormente y de manera inmediata, sin mayor necesidad de exploración, que es propia del impersonal *apparet*[178]. No se trata de buscar el *id quod actum* penetrando en la psique de los sujetos negociales, sino sólo de observar el *dictum*, en el que aflora, o se patentiza, aquél. Porque, en efecto, de los dos significados que, en principio, puede encerrar la voz significante *inemptus*, sólo uno de ellos, a saber, *ne venditor emptori pecunia ad diem non soluta obligatus esset*, guarda coherencia lógica con el entorno negocial; el otro *–ut omnis obligatio empti et venditi utrique solveretur–* carece de esa coherencia, toda vez que los intervinientes, al tiempo de su declaración, están estableciendo el acontecimiento base de la *lex commissoria*, el impago en el plazo señalado, como hecho a partir del cual han de surgir, y no, por el contrario, extinguirse, determinadas eventuales obligaciones del comprador frente al vendedor. Es, pues, la coherencia lógica del conjunto del *dictum*[179] la que permite determinar el significado que, junto con el significante *inemptus*, constituye la entidad lingüística creada por los sujetos y, por consiguiente, cuál sea esa entidad y qué otra, en cambio, habrá de tenerse por inexistente[180]; determinación que, claramente, queda circunscrita al ámbito lingüístico, sin que en manera alguna trascienda al psicológico.

Y así, una vez determinada dicha realidad lingüística, constituida por un *dictum* del que forma parte el vocablo *inemptus* con un sentido no excluyente de la vinculación obligatoria del comprador respecto del vendedor una vez acaecido el impago, resultará que este

---

177 En línea con la literatura jurídica "didáctica", de la que Pomponio "zeigt gewisse Züge": cfr. Nörr, ob. cit. en n. 166, 548-549; estilo que ha dado pie a la comparación de este jurista con el didáctico prototípico, esto es, Gayo: v., por ej., Gaio nel suo tempo (1966), Casavola, 9 ss., y Liebs, 61 ss. Sobre esta comparación, v. las precisiones de Wieacker, SZ 85 (1968), 498.

178 Forma que refuerza el sentido, ya de por sí expresivo, de *paret*: cfr. Forcellini, Furlanetto, Corradini, Perin, *Lexicon Totius Latinitatis*, T. III (MCMLXV), 571.

179 Porque, parafraseando a Burdese: "la dichiarazione debe anzitutto essere interpretata secondo lógica": loc. cit. en n. 156, 32.

180 Es decir, cuál sea la entidad *actualizada*: v. Mounin, loc. cit en n. 162, y, en general, las reflexiones que se contienen en la citada nota.

impago no estorbará a la subsistencia del acontecimiento material que exige el modelo formulario de la *actio venditi* para que su ejercicio conduzca a la condena del comprador-demandado en favor del vendedor-demandante.

Insisto, pues, en mi aseveración inicial: sólo desde una óptica conceptual pandectista, de trasfondo retórico, puede verse la contraposición *verba-voluntas* en la expresión de Pomponio *in emptis enim et venditis potius id quod actum, quam id quod dictum sit sequendum est.* Lo cierto es que, en la clave objetivo-lingüística propia de la jurisprudencia, que busca en las palabras negociales la realidad lingüística efectivamente puesta en existencia por el declarante, a fin de constatar su encaje en el correspondiente modelo formulario en ocasión de una reclamación procesal, tal contraposición entre el *dictum* y una supuesta voluntad interna carece absolutamente de relevancia, pues el *dictum* ya integra en sí mismo una *voluntas* o *lektón* lingüístico, junto con la cual conforma aquella realidad, independiente ya del sujeto que la ha generado y, desde luego, de su psique[181]. *Dictum* y *voluntas*, o *actum*, en la concepción del derecho, no pueden oponerse, pues ambos son elementos complementarios, integrantes de la entidad lingüística creada por el sujeto del negocio.

Análogo enfoque exegético requiere otro texto que también ha constituido un clásico referente de la atención doctrinal:

> D. 50, 16, 219 *Papinianus libro secundo responsorum: in conventionibus contrahentium voluntatem potius quam verba spectari placuit. cum igitur ea lege fundum vectigalem municipes locaverint, ut ad heredem eius qui suscepit pertineret, ius heredum ad legatarium quoque transferri potuit*[182].

Se comprende, desde luego, que el jurista, incluso el romanista, actual, habituado mentalmente *a priori* a la contraposición dialécti-

---

[181] El *precepto* negocial de Betti, ob. cit en n. 161, 57.

[182] El texto exhibe una marcada belleza estilística: tras la proclamación, a modo de premisa, del *topos* inicial (cfr. Kunkel/Honsell, RR, 1987, 87), *factum* y *ius*, sin adornos innecesarios, se suceden con llamativa y estética concisión. Se trata de un característico ejemplo del estilo de Papiniano en sus *Responsa*, en los que, en palabras de Schulz (History, 1953, 236), "problem and answer are formulated with great, perhaps excessive, elegance and the utmost compression".

ca *verba-voluntas* en su formulación pandectista –expresión frente a voluntad interna– ceda ante la nitidez con la que el texto parece reflejar dicha contraposición: *in conventionibus contrahentium voluntatem potius quam verba spectari placuit*[183]. Pero la explicación de una a primera vista tan diáfana formulación de lo que es un típico *status* retórico por parte de un jurista de la solidez de Papiniano[184] no puede provenir, ni, de hecho, proviene, de la evolución de la jurisprudencia a lo largo de la época clásica hacia la integración de ideas o conceptos de procedencia extrajurídica[185], como tampoco del *espiritualismo* del propio Papiniano[186]. Como se observa en el conjunto del fragmento, la aseveración inicial del mismo es la expresión de un principio general, cuya aplicación al caso concreto contenido en la segunda parte[187] habrá de conducir a la solución que el jurista propone. Así se desprende, indudablemente, del ilativo *igitur* que introduce el supuesto. Se

---

183 Por ej., H. Honsell (Kunkel/Honsell, RR, 1987, 87), al referirse a esta máxima, considera que la misma expresa "dass man keine Buchstabenauslegung betreiben, sondern auf den Willen achten soll"; si bien, más adelante (pag. 89) y con apoyo, entre otros textos, en éste (n. 16), viene a introducir un relevante matiz al manifestar que la cuestión reflejada en la literatura jurídica es "der Gegensatz zwischen Wortlaut und Sinn der rechtsgeschäftlichen Erklärung".

184 Solidez científica que está en la base de su clásica consideración como jurista "conceptuoso" y "difícil". Sobre él, por todos, y aparte la todavía hoy reveladora monografía de Costa, Papiniano (1894), v. Kunkel, Herkunft (1967), 224 ss.; Nörr, SZ 83 (1966), 308 ss.; Giuffrè, Aufstieg und Niedergang cit. en n. 166, 632 ss.; Ankum, Seminarios Complutenses de Derecho Romano I (1990), 33 ss.

185 Sobre la convergencia de retórica y derecho en la *Institutio oratoria* de Quintiliano, Tellegen-Couperus, RIDA XLVII (2000), 167 ss., y v., en el mismo tomo, acerca del contenido de este artículo, la crónica de J. F. Gerkens, pags. 518-519. En lo que hace a la asunción por la jurisprudencia de instrumentos retóricos de sistematización conceptual, cfr. Burdese, loc. cit. en n. 156, 26, y bibliogr. de su n. 43.

186 Muy marcado, por ej., en materia de actos propios, como reflejan tres textos, D. 4, 4, 30, D. 37, 6, 8 y D. 50, 17, 75, extraídos de su *liber tertius quaestionum*: al respecto, Gutiérrez Masson, en Il ruolo della buona fede oggettiva 2 (2003), 273 ss. V. también la reseña de C. Cascione, en Index 32 (2004), 659 ss., sobre la jornada de homenaje a O. Behrends celebrada en Göttingen el 23 de octubre de 2004, con su referencia al "Festvortrag" de U. Manthe, Ethische Grundlagen im Werk Papinians.

187 Caso que, pese a su formulación genérica y en modo subjuntivo ("...municipes locaverint,..."), tiene, con toda probabilidad, un origen real: por todos, Schulz, History (1953), 236 ss.; Torrent, Derecho público romano y sistema de fuentes (1982), 428; Betancourt, Derecho Romano Clásico (2001), 77.

trata de la cesión en arrendamiento de un fundo vectigal, por parte de unos munícipes[188], con cláusula de transmisión de los derechos del arrendatario a su heredero (*ea lege...ut ad heredem eius qui suscepit pertineret*); y se cuestiona si, en razón de tal disposición, estos derechos podrán transmitirse a quien no tenga la condición de heredero, pero sí, en cambio, la de legatario, a lo que Papiniano responde afirmativamente (*ius heredum ad legatarium quoque transferri potuit*).

La *lex* contractual señalada en el texto contiene una expresión nuclear en la que radica el problema, a saber, *ad heredem...pertineret*, por cuanto la palabra *heres* designa, en derecho, únicamente al sucesor *mortis causa* a título universal[189], por lo que, en principio, los derechos arrendaticios aludidos no podrían transferirse a un legatario. Pero el criterio de Papiniano descansa en una consideración de índole lingüística similar a la que sustenta el de Pomponio en el anteriormente analizado D. 18, 1, 6, 1. Entiende, en efecto, que "*heres*" no es una voz significante de sentido unívoco, sino de sentido equívoco, puesto que puede integrar dos significados: uno, estricto, esencialmente técnico-jurídico, cual es el ya referido de sucesor *mortis causa* a título universal; y otro, más amplio y no menos válido en el ámbito lingüístico por no técnico en el jurídico, antes bien, quizá más arraigado y extendido en el uso común, que incluye a cualquier adquirente de derechos, a título sucesorio, de un determinado causante[190]. Cada uno de estos significados, por su parte,

---

188 La noción, para la jurisprudencia clásica, en D. 50, 1, 1 *Ulp. lib. sec. ad ed.* y D. 50, 16, 18 *Paul lib. nono ad ed.* Algunas concreciones posteriores v. en las constituciones imperiales recogidas en C. 10, 39 *De municipibus et originariis*.

189 G. 2, 97: "*... Videamus itaque nunc quibus modis per universitatem res nobis adquirantur. 98. Si cui heredes facti sumus, ...*"; D. 50, 16, 24 *Gaius lib. sexto ad ed. prov.: Nihil est aliud hereditas quam successio in universum ius quod defunctus habuit*; prácticamente con las mismas palabras, D. 50, 17, 62 *Iulianus lib. sexto dig.*; D. 50, 17, 128, 1 *Paulus lib. nono. decimo ad ed.: Hi, qui in universum ius succedunt, heredis loco habentur*.

190 En la época clásica tardía encontramos algún testimonio de una incipiente *destecnificación* del término *heres*, a partir de su inicial y estricto sentido: D. 50, 16, 65 *Ulp. lib. septuag. sec. ad ed.* y D. 50, 16, 170 *Ulp. lib. trig. tertio ad Sab.* Pero en derecho continúa, esencialmente, equivaliendo a *successor*, noción de sentido invariable hasta su desnaturalización por los juristas postclásicos, mediante expresiones tales como *successio in unam rem*, o similares, que requirieron, en contraposición, otras como *successio in universum ius* o *in universitatem*: Longo, BIRD XIV (1902),

junto con el significante *heres*, forman entidades lingüísticas distintas, por lo que debe determinarse ante cuál de ellas estamos, a los ya repetidos efectos de comprobación de su encaje, en tanto que acontecimiento material relevante, en el correspondiente modelo formulario, al tiempo de la reclamación procesal. Y el jurista se pronuncia por la entidad lingüística formada por el significante *heres* y el significado amplio, que comprende también al legatario, pronunciamiento que, una vez más, no es el resultado de una investigación psicológica (de hecho el jurista ni siquiera personaliza a los sujetos de la declaración o *lex* negocial, unos indeterminados *municipes*), sino que viene impulsado desde el propio ámbito lingüístico: a partir de que ambos significados pueden ser albergados por el significante *heres*, habrá de tenerse en cuenta que los contratantes no tienen por qué ser peritos en derecho, en tanto que lo que sí persiguen, en razón de las características de la relación jurídica a la que pretenden dar vida, esto es, el arrendamiento vectigal, es la perdurabilidad de dicha relación mas allá de la vida del arrendatario[191], como *locatio in perpetuum*, de permanencia indefinida en tanto sea pagado el canon (*quamdiu id vectigal praestetur*), y en beneficio tanto del propio arrendatario como de quienes le sucedieren en sus derechos[192], careciendo de relevancia, a efectos de la funcionalidad económico-jurídica de la institución[193], que dichos sucesores lo sean a título universal o particular.

---

127 ss., 224 ss.; BIRD XV (1903), 283 ss.; Bonfante, Corso VI (1930), 1 ss.; Biondi, St. De Francisci 4 (1956), 19 ss.; Schulz, Derecho Romano Clásico (Trad. Santa Cruz Teigeiro) (1960), 200 ss.; Kunkel/Honsell, RR (1987), 436 n. 12.

191 D. 6, 3, 1 pr. *Paulus lib. vicensimo primo ad ed.: ...vectigales vocantur* –se refiere a los *agri civitatium– qui in perpetuum locantur, id est hac lege, ut tamdiu pro his vectigal pendatur, quamdiu neque ipsis, qui conduxerint, neque his, qui in locum eorum successerunt, auferri eos liceat*:... Prosigue el texto aludiendo, en su parágrafo 1, a la *actio in rem* del vectigalista, que tanta polémica doctrinal ha suscitado: v., sobre su presumible carácter clásico, el primero de los Studi sull'*ager vectigalis* de Lanfranchi, La classicità dell'*actio in rem vectigalis* (1938), así como d'Ors, IVRA 20 (1969), 70 ss. y DPR (2004), 595.

192 G. 3, 145.

193 La funcionalidad económica de la cesión al vectigalista viene a eclipsar, haciéndola pasar a un segundo plano, la cuestión, debatida desde la época clásica (cfr. G. 3,145) y a lo largo del periodo postclásico, de la naturaleza jurídica del contrato. El debate resulta zanjado legislativamente por el emperador Zenón, C. 4, 66, 1, acogiendo la idea de un *ius emphyteuticarium* constituido mediante un contrato *sui generis*. Justiniano, I. 3, 24, 3, invoca esta constitución para tomar definitiva postura en la antigua

Así pues, son la naturaleza y finalidad del acto jurídico en el que tiene lugar la declaración los parámetros indicativos del significado que ha de entenderse ínsito en la voz significante *heres*, entre los dos posibles[194], debiendo tenerse por constituida, en consecuencia, una determinada entidad lingüística y no la otra, sin que para ello haya desempeñado papel alguno la indagación de la *voluntad interna* de los *municipes* autores de la manifestación negocial. Estos, al proferir la voz *heres* con un concreto significado, han puesto en existencia un objeto lingüístico *real*, *externo* y, desde ese momento, *independiente de ellos*, y en dicho objeto, y no en la psique de sus creadores, habrá de centrarse el análisis destilador de su sentido, a partir del propio significante y con atención al escenario lingüístico, negocial y circunstancial[195]. No otra cosa interesa al método jurisprudencial romano, que *no trata de indagar intimidades anímicas, sino de establecer la existencia o no del acontecimiento material subsumible en el modelo formulario*. Al venir este acontecimiento constituido por las *palabras* de los sujetos negociales, y no por sus *pensamientos, deseos o tendencias volitivas*, se sirve el jurista clásico para aquella finalidad de la lingüística y no de la psicología.

Por otra parte, esta opción de Papiniano por un determinado significado de la expresión y, por lo tanto, por una concreta entidad lingüística, deriva de la aplicación del principio general que proclama en la primera parte del fragmento, lo que suscita algunas reflexiones:

a) Si debe estarse más a la voluntad de los contratantes que a sus palabras (*in conventionibus contrahentium voluntatem*

---

polémica reflejada por Gayo. Sobre todo ello, O. Behrends, Index 32 (2004), 18 ss.; y, como muestra del interés imperial en asegurar la continuidad en la explotación y rendimiento económico de los fundos enfitéuticos, v. el análisis, referido a constituciones imperiales de las últimas décadas del s. IV, de Gaudemet, Festsch. Wieacker (1978), 66 ss. En realidad, ésta había sido la nuclear esencia socioeconómica de la enfiteusis desde sus orígenes y a lo largo de todo su proceso de configuración jurídica, que no culminaría hasta la época postclásica, jalonado por el entrecruzamiento, a través del tiempo, de diversas figuras jurídicas romanas y helénico-orientales. Cfr., sobre ello, la nítida descripción de A. Fernández de Buján, Derecho Privado Romano (2010), 495 ss.

194 Es, en definitiva, el criterio reflejado por Gandolfi, St. Scherillo I (1972), 39, conforme al cual "se una locuzione negoziale sia plurivoca, essa debba intendersi nel senso più consono al regolamento di interessi: *rei gerendae aptior*".

195 V. Gandolfi, Studi sull'interpretazione degli atti negoziali in diritto romano (1966), 83 ss.; Burdese, loc. cit. en n. 156, 31 ss.

potius quam verba spectari placuit) y, en aplicación de ello, ha de entenderse que a la voz *heres* empleada por aquéllos corresponde el sentido amplio de "cualquier adquirente de derechos a título sucesorio" y no el técnico de "sucesor *mortis causa* a título universal", habiéndose llegado a tal determinación tras un proceso indagatorio que no es de naturaleza psicológica, debe concluirse, en consecuencia, que a lo que el jurista aplica la denominación de *voluntas* es al significado, de entre los posibles en el uso común, con el que los contratantes utilizaron la voz significante (en este caso, *heres*). Se trata, por lo tanto, del concepto lingüístico de *voluntas* –frente al concepto psicológico– tal como aparece también aludido en otros diversos textos ya examinados: "... *non debet admitti voluntatis quaestio*"[196], "... *quam cum manifestum est aliud sensisse testatorem*"[197], "... *qui aliud dicit quam vult,...*"[198], "*in ambiguo sermone non utrumque dicimus, sed id dumtaxat quod volumus*"[199], "*ubi est verborum ambiguitas, valet quod acti est...*"[200], "*in emptis enim et venditis potius id quod actum, quam id quod dictum sit sequendum est, et cum lege id dictum sit, apparet hoc dumtaxat actum esse,...*"[201].

b) Siendo ésta la noción de *voluntas* empleada por Papiniano, acontece con el principio que enuncia al comienzo lo mismo que con los proclamados por Marcelo en D. 32, 69 pr. y Pomponio en D. 18, 1, 6, 1[202]: no supone el reflejo

---

196 D. 32, 25, 1 *Paul. libro primo ad Neratium*.

197 D. 32, 69 pr. *Marcellus libro singulari responsorum*.

198 D. 34, 5, 3 *Paul. libro quarto decimo quaestionum* (segunda parte).

199 *Ibid*. (primera parte).

200 D. 34, 5, 21 (22) pr. *Paul. libro quarto decimo ad Plautium*.

201 D. 18, 1, 6, 1 *Pomp. libro nono ad Sabinum*.

202 Esto es, respectivamente, "*non aliter a significatione verborum recedi oportet, quam cum manifestum est aliud sensisse testatorem*", y "*...potius id quod actum quam id quod dictum sit sequendum est,..–*". Cfr., para el carácter tópico de tales reglas, Kunkel/Honsell, RR (1987), 87, y, en general, sobre el modo de proceder tópico, mediante este tipo de instrumentos, de la jurisprudencia clásica, Talamanca, en la colecc. Questioni di giurisprudenza tardo-repubblicana (1985), 109 ss.; Burdese, loc. cit. en n. 156, 26; Bretone, Storia del diritto romano (1991), 303 ss.

de la contraposición retórica *verba-voluntas*, al efecto de pronunciarse por la preferencia de la voluntad interna del declarante frente a sus palabras. La verdadera contraposición que plantea el jurista es la que se produce *entre dos distintas entidades lingüísticas*, a saber, la formada por la voz significante *heres* y su significado técnico, por una parte, y, por otra, la constituida por el mismo significante y su significado amplio. Éste último, que es el infundido por los declarantes, no se contrapone, ciertamente, a la voz *heres*, sino que viene a integrar con ella una entidad lingüística que sí se contrapone, en cambio, a la que hubiese resultado de haberse empleado la expresión *heres* con el sentido técnico que tiene para los juristas.

c) Todo ello presupone, claro es, que, como en efecto sucede en el supuesto contemplado por Papiniano, el declarante haya utilizado las palabras en un sentido que, objetivamente, en el uso común, les corresponda, aunque dicho sentido no sea el previamente estereotipado como más propio del correlativo vocablo en un entorno técnico o convencional de cualquier clase[203]. Ésta es la libertad que el jurista desea reconocer a los sujetos negociales, la de, a partir de la voz significante por ellos elegida, dar vida a cualquiera de las realidades lingüísticas objetivamente posibles, mediante la utilización de dicha voz en cualquiera de los sentidos que el universo social le atribuya, y sin que el hecho de que un

---

[203] Así, en el entorno del derecho, los conceptos de naturaleza técnico-jurídica son fruto de un acotamiento del sentido de una voz significante, por medio de una *definición legal* o de una *convención doctrinal*, acotamiento o restricción que no agota necesariamente el *campo de significaciones,* de índole lingüística, de dicha voz significante. Por ejemplo, "*propiedad*" tiene una significación técnico-jurídica determinada por ley en nuestro ordenamiento (art. 348 CC) y de manera convencional para la jurisprudencia romana, por lo que hace, claro es, al significante homólogo "*dominium*", a partir de los últimos años de la república (v. Monier, St. Solazzi, 1948, 357 ss.); pero el campo lingüístico de significaciones de "*propiedad*" es más amplio, en el mismo ámbito del Derecho (v.g., como "objeto del dominio", art. 384 CC), y, desde luego, fuera de él, como en gramática, lógica, matemáticas, física, química, etc. Sobre la aludida determinación legal o convencional, cfr. Larenz, Methodenlehre der Rechtswissenschaft (1991), 226.

convencionalismo de cualquier tipo haya destacado uno de esos sentidos como más *peculiar* pueda poner límites a aquella libertad circunscribiendo las iniciales opciones del hablante para la creación de entidades lingüísticas a una sola, esto es, la relativa a la entidad integrada por la voz significante y ese concreto significado *peculiarizado*[204]. Ahora bien, los límites sí le vienen impuestos al declarante por los significados de la expresión en el uso social[205]. El significante podrá ser empleado con cualquiera de ellos, pero sólo con ellos; porque si con una determinada voz quisiese el hablante expresar una imagen mental propia, particular de él, que no correspondiese a ninguno de los *lekta* asociados a aquélla por el uso común, sucedería que la imagen mental albergada por el declarante no podría ser tomada en consideración sobre la(s) palabra(s), ya que, al no haber sido exteriorizada por medio de la adecuada voz significante, no habrá integrado realidad lingüística alguna; así como tampoco podrá estarse a lo que la(s) palabra(s) empleada(s) significa(n) objetivamente, puesto que esa aparente *forma* lingüística adolecerá de la desvirtuación del *lektón* a causa de la falta de *concordia dicendi et exaudiendi* en la comunicación[206].

d) En definitiva, el principio expresado por Papiniano en la primera parte de nuestro fragmento no debe *leerse* de esta manera: "en las convenciones debe estarse más a la voluntad de los contratantes que a sus palabras"; sino de ésta

---

204 Se trata, en definitiva, de la libertad consustancial al acto netamente individual y creativo que es el *habla*: cfr. Saussure, ob. cit. en n. 98, pags. 57, 6 3 ss. (Engler, 42, 52 ss.); Crystal, D., A Dictionary of Linguistics and Phonetics (2003), voz "*parole*", 336-337.

205 Es decir, por el *sistema* de la *lengua*, en cuanto ésta es "la parte social del lenguaje, exterior al individuo, que por sí sólo no puede ni crearla ni modificarla": cfr. Saussure, 58 (Engler, 42).

206 De ahí la adecuación técnico-lingüística, a partir de concepciones estoicas hoy reelaboradas por la lingüística moderna, de la ya analizada manifestación de Paulo, en D. 34, 5, 3: "*qui aliud dicit quam vult, neque id dicit quod vox significat, quia non vult, neque id quod vult, quia id non loquitur*".

> otra: "en las convenciones debe estarse más al significado que, entre los posibles en el uso social, quisieron infundir los contratantes a su expresión, que a cualquier otro que, con independencia de ellos, haya sido convencionalmente acotado como *más peculiar* de las palabras empleadas".

Bajo el mismo prisma interpretativo que los anteriores, debe abordarse el siguiente importante texto de Ulpiano:

> D. 45, 1, 41 pr. *Ulpianus libro quinquagensimo ad Sabinum: Eum, qui "kalendis Ianuariis" stipulatur, si adiciat "primis" vel "proximis", nullam habere dubitationem palam est: sed et si dicat "secundis" vel "tertiis" vel quibus aliis aeque dirimit quaestionem. si autem non addat quibus Ianuariis, facti quaestionem inducere, quid forte senserit, hoc est quid inter eos acti sit (utique enim hoc sequimur quod actum est), easque adsumemus. si autem non appareat, dicendum est quod Sabinus, primas kalendas Ianuarias spectandas. plane si ipsa die kalendarum quis stipulationem interponat, quid sequemur? et puto actum videri de sequentibus kalendis.*

He seleccionado este texto no tanto por su originalidad en relación con los ya analizados, como por el valor corroborante que contiene, en prácticamente todas las frases que lo integran, de las ideas que he expuesto con respecto a aquéllos. Repárese en las siguientes reflexiones:

a) La expresión "*kalendis Ianuariis*" integrada en la *stipulatio*[207] es un significante lingüístico de sentido equívoco, puesto que puede albergar diversos significados, toda vez que quien la oye puede, en principio, representarse mentalmente el primer día de enero de cualquier año futuro: cada una de esas fechas se denomina, en el uso de la comunidad hablante, "calendas de enero". Por lo cual, su utilización no matizada por el estipulante genera para el intérprete una *dubitatio* o *quaestio*[208], sobre la entidad lingüística originada, ya que, dependien-

---

[207] La alusión a las *kalendae* como *dies* negocial es uno de los ejemplos preferidos por los juristas, especialmente en relación con la *stipulatio*: v. D. 45, 1 *de verborum obligationibus, passim*.

[208] La *dubitatio* y la *quaestio* son, en rigor, facetas diferentes del *problema*: la *quaestio* alude más bien al aspecto objetivo del mismo, en tanto que "controver-

do del significado que el hablante haya infundido a su expresión (es decir, a las calendas de qué año venidero haya querido aludir), dicha entidad lingüística será diferente. Si, en cambio, el estipulante decide precisar la expresión significante mediante algún vocablo tal como "*primis*", "*proximis*", "*secundis*", "*tertiis*" o cualquier otro similar ("... *vel quibus aliis...*")[209], en tal caso resulta diáfano que se disipará toda *dubitatio* (... *nullam habere dubitationem palam est*), o, lo que viene a ser lo mismo, se dirimirá la *quaestio* (... *aeque dirimit quaestionem*). Y ello sucederá porque el significante de sentido equívoco "*kalendis Ianuariis*", matizado de esta manera, esto es, "*kalendis Ianuariis primis*" ("*proximis*", "*secundis*", "*tertiis*",...) se transforma en un significante de sentido unívoco, por cuanto pasa a admitir un solo significado en el uso común; y, en este caso, al excluirse toda *ambiguitas* en la expresión, que solamente puede encerrar un determinado *lektón*, y, en consecuencia, cualquier *dubitatio* sobre la realidad lingüística construida, acaece, en palabras de Paulo, que *non debet admitti voluntatis quaestio*[210], revistiendo el término *voluntas* el sentido esencialmente lingüístico que vengo defendiendo, esto es, el alusivo al significado, de entre los admitidos en el uso social, con el que el sujeto del negocio utilizó la voz significante. Lo que viene a colegirse, por demás, claramente, de las frases que siguen en el fragmento.

b) La situación alternativa, es decir, el uso por el estipulante de la expresión "*kalendis Ianuariis*" sin otra matización (*si autem non*

---

sia", o "asunto susceptible de generar controversia" (cfr., en referencia a la "*quaestio status*", d'Ors, DPR, 2004, 285); por su parte, la *dubitatio*, de índole subjetiva, es la perplejidad que la *quaestio* suscita a quien se enfrenta a ella, es decir, en el ámbito del derecho al jurista, cuyo oficio, a efectos de resolver, requiere –en palabras bellas y precisas de A. d'Ors– "ingenio y hasta una *elegancia*, que consiste en saber desatar el nudo lógico sin violencia de la razón" (Rev. Jurídica del Notariado, enero-marzo 1992, 67). Para la correspondencia entre la *quaestio* y el *zétema*, o "asunto por investigar", de la retórica griega, v. Guzmán Historia de la interpretación..., 374 ss.

209 Respetándose la coherencia formal estipulatoria, sobre lo cual v. Nicholas, loc. cit. en n. 51, la libertad del estipulante para configurar el contenido es amplia, ya que, en certera expresión de Biondi, Istituzioni di diritto romano (1956), 449, "la *stipulatio* non era un contratto, ma *il* contratto, in quanto serviva a costituire qualsiasi impegno per mezzo dell'accordo di volontà manifestato *verbis*".

210 D. 32, 25, 1 *Paulus libro primo ad Neratium*.

addat quibus lanuariis,...) desencadena como consecuencia *facti quaestionem inducere, quid forte senserit, hoc est quid inter eos acti sit*. Y, ciertamente, esta secuencia textual resulta del mayor interés. En primer lugar, el uso de una voz significante equívoca provoca una *quaestio*. Además, esa *quaestio* consiste en *quid forte senserit*, con lo que resulta claro que *sentire* alude directamente a qué calendas de enero, esto es, a las de qué año, quiso referirse el declarante con su significante ambiguo "*kalendis Ianuariis*"; lo que equivale a decir que alude a cuál fuese el significado, de entre los admitidos en el universo social, con el que aquel empleó la voz significante. Reviste, por lo tanto, el verbo *sentire* una acepción lingüística y no psicológica, pues en nada toca a sentimientos, pensamientos, actitudes volitivas o deseos íntimos del sujeto. Simplemente, éste ha proferido una voz significante, la cual conlleva un significado, resultando, de la simbiosis de ambos, un signo lingüístico, entidad real, externa e independiente del hablante que la ha generado, que es necesario identificar; pero como el significante no es de sentido unívoco, la identificación de la entidad lingüística exigirá la previa determinación de cuál sea el significado que aquél incorpora, esto es, el que le fue infundido por el profirente al tiempo de su utilización, y que es independiente del contenido pasado o presente de la psique de éste. Determinar tal significado infundido por el sujeto al tiempo del empleo de la expresión es determinar *quid senserit*, o, lo que es lo mismo, dirimir, en el sentido jurídico, la correspondiente *voluntatis quaestio*[211].

Además de ello, Ulpiano sienta expresamente la equivalencia entre el *quid senserit* y el *id quod actum*: *... facti quaestionem inducere, quid forte senserit, hoc est quid inter eos acti sit*. Así pues, la concepción lingüística del *quid senserit* que acabo de exponer es igualmente aplicable al *quid inter eos acti sit*, lo que resulta plenamente coherente con lo observado en otros textos ya examinados[212]. Y, puesto que, por otra parte, hemos constatado también la equiva-

---

[211] V. lo expuesto sobre la *voluntatis quaestio* en relación con el correspondiente texto de Paulo, *supra* 2.2.

[212] D. 34, 5, 21 (22) pr. *Paulus libro quarto decimo ad Plautinm*; D. 18, 1, 6, 1 *Pomponius libro nono ad Sab*.

lencia que para Paulo existe entre *quod volumus* y *quod acti est*[213], resulta que las tres nociones de *sensus*, *voluntas* e *id quod actum* vienen a hallar un lugar de coincidencia semántica, conforme a la concepción que de ellas tiene la jurisprudencia romana en relación con su actividad hermenéutica, *en el sentido con el que, de hecho, fue empleada por los sujetos negociales una expresión significante equívoca*; esto es, insistamos en ello una vez más, *en el marco de la lingüística (por influencia estoica) y no en el de la psicología.*

En este mismo orden de ideas, existe en el texto un matiz sumamente interesante, que el exégeta cuidadoso no debe pasar por alto, engañado por su a primera vista aparente irrelevancia[214]: si el estipulante no precisa a qué calendas de enero se está refiriendo, se originará una *quaestio*, que, desde la noción jurídico-lingüística de *voluntas*, es propiamente una *voluntatis quaestio*; pero además se trata, conforme expresa Ulpiano, de una *facti quaestio*. Ciertamente, la indeterminación del significado que corresponde a la voz significante impide la constatación de la realidad lingüística puesta en existencia por el hablante. Y, como se trata justamente de eso, de *una realidad puesta en existencia*, objetiva, externa e independiente como tal *realidad* del sujeto creador, la *dubitatio* sobre ella lo es sobre un *factum*, que el juez deberá establecer al tiempo del correspondiente proceso, en cumplimiento de la instrucción formularia del magistrado.

c) En el resto del fragmento refleja Ulpiano una contraposición entre el criterio hermenéutico primario de la determinación del sen-

---

213 V., *supra*, el cotejo entre D. 34, 5, 3 (primera parte) y D. 34, 5, 21(22) pr., llevado a cabo al analizar este último fragmento.

214 Sobre la necesaria escrupulosidad en la apreciación de los matices de la expresión textual que requiere la labor de exégesis, cfr. Wesel, Die Hausarbeit in der Digestenexegese (1973), 48 (en mi versión española de esta obra, en Anales de la Facultad de Derecho de la Universidad de La Laguna X, Vol. II, 1982-1983, pag. 40); ciertamente, cualquiera de los aludidos matices, que quizá parezca a primera vista irrelevante, puede ser (como sucede con el de la *facti quaestio*_al que me refiero en este punto) de la mayor trascendencia, uno de los iluminadores "resti di un grande naufragio" –conforme a la afortunada metáfora de Lambertini, Introduzione allo studio esegetico del diritto romano, 1993, 12 y 13– con los que se encuentra el estudioso moderno que aborda la reconstrucción historiografica. V. Lambertini, ob. cit., 11 ss; Betancourt, Atti Acc. Rom. Costantiniana. XIV Conv. Internaz. in mem. di G. Nocera (2003),425 ss.

tido en el que el sujeto empleó la expresión significante, es decir, la determinación del *quid senserit* o *quid inter eos acti sit*, y un criterio subsidiario, de carácter alternativo[215], a aplicar en el supuesto de imposibilidad de establecer la indicada determinación. Ésta, en efecto, constituye el criterio primario por cuanto viene a constatar directamente el *factum* lingüístico alumbrado por el hablante, que es a lo que antes que nada ha de estarse (*utique enim hoc sequimur quod actum est*); pero, en el caso de que aquel *lekton non appareat*, y puesto que no por ello cesa la necesidad de fijación del aludido *factum* lingüístico, habrá de llegarse a él indirectamente, por medio del criterio subsidiario, no carente, desde luego, de rigor: no parece necesaria, en efecto, la especificación de las calendas de enero a las que queremos referirnos cuando aludimos a las mas inmediatas[216], en tanto que para indicar cualesquiera otras y distinguirlas de las demás, sí se nos hubiera presentado dicha exigencia para hacernos entender, por lo que la opinión de Sabino, que Ulpiano aprueba, (*primas kalendas Ianuarias spectandas*) es fruto de un estricto razonamiento lógico; y, en cuanto al supuesto más peculiar que el autor del texto propone, a saber, *si ipsa die kalendarum quis stipulationem interponat*, la solución que el jurista ofrece (*puto actum videri de sequentibus kalendis*)[217] es también la consecuencia de un proceso de pensamiento igualmente lógico, ya que no habría tenido sentido para el estipulante aludir a un término (*kalendis Ianuariis*), que, por esencia, es futuro[218], si el significado de su expresión hubiese venido

---

[215] Acerca de esta clase de criterios subsidiarios, Gandolfi, St. Scherillo I (1972), 29 ss.

[216] D. 45, 1, 56, 5 *Iulianus libro quinquagensimo secundo dig.: Qui ita stipulatur: "ante kalendas proximas dari spondes?" nihil differt ab eo, qui "kalendis dari" stipulatur.*

[217] Esta frase confirma el sentido de *id quod actum* que vengo perfilando a partir de la n. 162: elegida por el sujeto negocial la expresión significante plurívoca "*kalendis Ianuariis*" al celebrar una *stipulatio* el propio día de las calendas de enero, el otorgar a dicha expresión el concreto significado de las *siguientes* calendas de enero, resultando así conformado un *determinado* signo o entidad lingüística –y excluidos, por lo tanto, todos los demás potenciales– es lo que para Ulpiano ha de considerarse *actum*.

[218] La inclusión del término supone, en efecto, por sí misma, la conformidad del acreedor con una *dilación del pago* por parte del deudor: D. 45, 1, 46 pr. *Paulus*

referido al presente, esto es, si la *stipulatio* hubiese estado destinada a generar una obligación exigible de inmediato, a partir del mismo día (de las propias calendas de enero) en que aquélla tuvo lugar. Así pues, una vez excluido que el significante aludiese al mismo día en que ha sido utilizado, la determinación del significado habrá de optar por las calendas de enero de algún año futuro, con lo que debe estarse al ya invocado criterio de Sabino (... *primas kalendas Ianuarias spectandas*), coincidente con el del propio Ulpiano (*puto actum videri de sequentibus kalendis*).

He aquí otro texto significativo, en la línea de los que preceden:

> D. 19, 2, 29 *Alfenus libro septimo dig.: In lege locationis scriptum erat: "redemptor silvam ne caedito neve cingito neve deurito neve quem cingere caedere urere sinito". quaerebatur, utrum redemptor, si quem quid earum rerum facere vidisset, prohibere deberet an etiam ita silvam custodire, ne quis id facere possit. respondi verbum sinere utramque habere significationem, sed locatorem potius id videri voluisse, ut redemptor non solum, si quem casu vidisset silvam caedere, prohiberet, sed uti curaret et daret operam, ne quis caederet*[219].

La primera particularidad interesante del fragmento reside en el hecho mismo de que pertenezca a los *Digesta* de Alfeno, por lo que viene a reflejar, con toda probabilidad, el pensamiento de Servio[220]. Ello debe ser destacado no sólo por cuanto constituye un testimonio

libro duodecimo ad Sab.: ...praesens obligatio est, in diem autem dilata solutio; I. 3, 15, 2: ... *in diem, cum adiecto die quo pecunia solvatur stipulatio fit: ... id autem, quod in diem stipulamur, statim quidem debetur, sed peti prius quam dies veniat non potest:...* V., sobre la naturaleza de la institución, en general, Mitteis, Römisches Privatrecht bis auf die Zeit Diokletians 1(1908), 190 ss.; Musumeci, ED 44 (1992), 181 ss.

[219] Exhibe el texto una suerte de armonía estilístico-formal lograda sobre el trasfondo nítido de la "*struttura triadica*" (cfr. Bretone, Storia, 1991,204) característica del casuismo de Alfeno: "*In lege locationis... quaerebatur ... respondi ...*". Bibliografía sobre el jurista y su obra, en V. Carro, Index 30 (2002), 242, n. 2, y algunas referencias biográficas a partir de testimonios literarios, en D. Liebs, SZ 127 (2010), 32 ss.

[220] Roth, H.J., *Alfeni Digesta*. Eine spätrepublikanische Juristenschrift (1999), 23 ss.

de que la base del enfoque lingüístico de la declaración negocial, que habría de ser característico de la jurisprudencia posterior, se remonta ya a la primera etapa clásica, sino, además, porque conduce directamente a un jurista que, de manera muy marcada, sirve de enlace entre la cultura griega, en especial la dialéctica, y la ciencia jurídica romana[221]. Y, desde luego, en su época constituye un ingrediente fundamental de aquella cultura la aportación estoica[222]. El texto, en efecto, y de acuerdo con el carácter que impregna esta obra de Alfeno[223], contiene una *distinctio* de clara utilidad didáctica, a saber, si, a partir de una cláusula arrendaticia que impone al arrendatario la obligación de no cortar, descortezar ni quemar el bosque objeto del contrato (*redemptor silvam ne caedito neve cingito neve deurito*), así como *no permitir* que cualquier otra persona lo descortece, corte o queme (*neve quem cingere caedere urere sinito*), habrá de entenderse –y tal es la *quaestio* (*quaerebatur,...*) que *a priori* admite dos soluciones *distinctae*– que en el caso de que el arrendatario viese a alguien hacer alguna de aquellas cosas debería prohibírselo (*utrum redemptor, si quem quid earum rerum facere vidisset, prohibere deberet*), o bien que su deber se extienda a la custodia del bosque, de tal manera que nadie pudiese realizar dichas actividades (*an etiam ita silvam custodire, ne quis id facere possit*). La construcción gramatical *utrum...an etiam...* sirve, en efecto, para estructurar la *distinctio* dialéctica entre dos prestaciones, a cargo del arrendatario, netamente diferenciadas: la primera consistiría en una conducta de éste en principio pasiva, de quietud, hasta el momento en que se percatase de que alguien tratara de llevar a cabo alguna de las actividades vetadas, debiendo entonces intervenir para prohibírselo; la segunda le exigiría una conducta

221 Vacca, L., La giurisprudenza nel sistema delle fonti del Diritto romano (1989), 69 ss.

222 Sobre la enorme trascendencia del estoicismo como factor cultural generado por la Grecia antigua y proyectado hacia el resto del mundo clásico y hacia la posteridad, v. la fundamental obra de M. Pohlenz,Die Stoa. Geschichte einer geistigen Bewegung (1978-80). También, W. Capelle, Historia de la filosofía griega (trad. E. Lledó) (1992), 289 ss., en esp. 309-311.

223 Un tratamiento pormenorizado del carácter didáctico, más que práctico, de los *Digesta* de Alfeno, así como de la consecuente utilización instrumental de la *distinctio*, v. en Roth, ob. cit. en n. 220, 102 ss.

en todo momento activa, de atención y vigilancia previas a cualquier intervención de terceros, que, en la práctica, imposibilitase a éstos ni tan siquiera iniciar dichas actividades.

Pero, además, y esto es lo que sobre todo deseo destacar, la *distinctio* dialéctica que el jurista propone es de índole expresamente lingüística. La *quaestio* se suscita porque el verbo *sinere* es una voz significante de sentido equívoco, en cuanto puede albergar los dos significados que han sido diferenciados[224], como literalmente manifiesta Alfeno: *respondi verbum sinere utramque habere significationem*. Y, así, el problema hermenéutico se cifrará estrictamente en sentar en cuál de dichos sentidos empleó la aludida voz el declarante negocial. Nada, pues, de prospecciones de naturaleza psíquica, porque la cuestión es otra: hay un fenómeno indiscutible que pertenece a la realidad externa a los intervinientes en el acto jurídico, cual es el empleo del verbo *sinere* entre las palabras que conforman la declaración; mas aún: aunque la oralidad hubiese configurado un fenómeno fónico y morfológico no menos real y no menos externo, en este caso dichas características resaltan todavía mas al tratarse de una declaración escrita (*In lege locationis scriptum erat:...*)[225]. Y, desde luego, esa voz significante no es un "envoltorio lingüístico" vacío, sino que conlleva, en sí misma, el sentido que le fue infundido al tiempo de su utilización por el sujeto actuante. Ese sentido puede, en principio, ser uno o el otro de los que el verbo *sinere* admite en el uso

[224] También, como es sobradamente conocido, en relación con el *legatum sinendi modo* el verbo *sinere* adquiere, en la época clásica, una doble significación, ya que al sentido originario de "permitir (no impedir) una intervención ajena (del legatario) en pos de un resultado provechoso para el interviniente" (G. 2, 209: *Heres meus damnas esto sinere Lucium Titium hominem Stichum sumere sibique habere*, igual, en esencia, a Ulp. 24,5) vino a añadirse el de "actuar de manera positiva en favor de aquel resultado", desdibujándose así la diferencia con el *legatum per damnationem*: v., por todos, García Garrido, AHDE 29 (1959), 575 ss.; Pezzana, Contributi allo studio del legato "sinendi modo" (1958) y St. Volterra 3 (1971), 183 ss. Para la referida ampliación de sentido, en resumen, Kunkel/Honsell, RR (1987), 488; d'Ors, DPR (2004), 392-393.

[225] Y, posiblemente, como la generalidad de las *leges locationis*, acuñada por una dilatada praxis: así E.Jakab, en el 35 Deutsche Rechtshistorikertag de Bonn, conforme a la crónica de F. Theisen, en SZ 122 (2005), 467. Algunas consideraciones de interés sobre *lex locationis* v. en Buchwitz, W., SZ 126 (2009), 381 ss.

social, pero lo que resulta seguro es: a) que uno de los dos significados subyace al significante y constituyó, para el sujeto, el espíritu, o *lektón*, de su utilización; y, b) que, una vez utilizado el significante en *ese* concreto sentido, ha nacido una entidad lingüística determinada, independiente ya de la persona que la generó y, desde luego, del contenido coetáneo o posterior de su psique, de tal forma que cualquier actitud intelectiva, emotiva o volitiva que el sujeto haya podido observar paralela o ulteriormente en nada podrá modificar aquella realidad lingüística. Con lo cual el campo de la actividad hermenéutica queda circunscrito a la determinación de cuál sea el mencionado *lektón*, ínsito en la voz *sinere* utilizada, e inamovible en ella desde el momento de dicha utilización: cuestión, por lo tanto, lingüística y no psicológica.

Planteada, pues, desde esta perspectiva la *quaestio*, el jurista se pronuncia en favor de una de las dos soluciones alternativas, o, por expresarlo en términos de mayor precisión, se decanta, a la vista del significante empleado y de su contexto, por uno de los dos significados teóricamente posibles: *respondi... locatorem potius id videri voluisse, ut redemptor non solum, si quem casu vidisset silvam caedere, prohiberet, sed uti curaret et daret operam, ne quis caederet*. Entiende, por lo tanto, que corresponde al verbo *sinere* en la expresión negocial *neve quem cingere caedere urere sinito* el sentido conforme al cual se impone al arrendatario el deber de observar una conducta activa, impediente de cualquier eventual afectación del bosque arrendado, por parte de terceros, en las formas especificadas. No explicita la *ratio* de su opción, lo que, por otra parte, tampoco es insólito en el conjunto de sus *Digesta*[226]. Tal vez la consideración de la mejor protección del interés del arrendador, en relación con la naturaleza del contrato, haya pesado en la decisión del jurista, ya que, en efecto, la cosa arrendada resulta así mejor preservada del deterioro inherente a acciones de terceros que se señalan como vedadas al propio arrendatario[227]. En cualquier caso, no es éste el punto que ahora considero de mayor interés, sino que prefiero llamar la atención sobre

---

[226] V. Roth, ob. cit. en n. 220, 26 ss.

[227] Ello, en el amlio marco del deber que pesa sobre el arrendatario, especialmente sobre el *colonus*, de preservar la cosa de todo deterioro (cfr., por ej., D. 19,

un extremo que reconduce al ámbito lingüístico: el posicionamiento de Alfeno consiste en entender que el arrendador, mediante el uso en su declaración de la voz significante cuestionada, ha constituido una *determinada* entidad lingüística de entre las dos objetivamente posibles, toda vez que ha empleado aquella voz en un *determinado* sentido y, por lo tanto, no en el otro. Y ello es expresado por el jurista de esta manera: *respondi verbum sinere utramque habere significationem, sed locatorem potius id videri voluisse, ut...* Es decir, el significante *sinere* puede albergar uno u otro significados, pero, de entre los dos, más parece que el arrendador le haya infundido el de que...; es, creo, mi versión "le haya infundido" lo que el autor del texto pretende expresar mediante el término "*voluisse*", con lo que nos sale al paso otra vez la utilización, propia de la jurisprudencia, de *voluere* y, en definitiva, *voluntas* en el sentido lingüístico atinente al *lektón* comprendido en un significante equívoco, en un *ambiguus sermo*[228], en tanto que ha sido el significado (de entre los posibles en el uso común) *en atención al cual el sujeto utilizó, de hecho, aquel significante*; y no en el sentido psicológico propio de la retórica y que ha trascendido a la moderna doctrina del negocio jurídico.

Una observación sutil, relativa a la evolución que, a partir de la etapa clásica tardía y durante el periodo postclásico, habría de experimentar la noción jurídica de *voluntas*, debe ser destacada en el siguiente texto:

> D. 34, 5, 27 (28) *Modestinus libro primo regularum: Si quis de pluribus_unum manumitti voluerit nec appareat, de quo manumittendo testator sensit, nulli eorum fideicommissa competit libertas.*

También en este caso alude el jurista a una voz significante, mediante la que el testador ha designado a un esclavo, de entre varios, en favor del cual dispone una manumisión fideicomisaria[229]. Se trata,

---

2, 25, 3 *Gaius libro decimo ad ed. prov.*, e I. 3, 24, 5), que se corresponde con la extensión de su responsabilidad: Frier, SZ 95 (1978), 232 ss.

228 D. 34, 5, 3 *Paulus libro quarto decimo quaest.* V. *supra*, n. 153, sobre la *voluntas* de los *nomina* o el *sermo*.

229 Para el derecho clásico, G. 2, 263 a 267, D. 40, 5 *De fideicommissariis libertatibus* y ulp. 2, 7 a 11. V. la relación de los senadoconsultos, así como los

también aquí, de un significante equívoco, puesto que –y ésta es la *quaestio* planteada– puede referirse a cualquiera de los esclavos del grupo o conjunto. La diferencia con los supuestos examinados anteriormente estriba en que, en esta ocasión, dicho significante no aparece expresamente reproducido en el texto. Hemos tenido la oportunidad de discurrir en torno a algunas expresiones negociales ambiguas sobre las que se proyectó la reflexión hermenéutica de otros juristas, a saber, el *inemptus* de Pomponio[230], el *heres* de Papiniano[231], el *kalendis Ianuariis* de Ulpiano[232] o el *sinito* de Alfeno[233]; pero en el fragmento de Modestino no se reproduce la expresión susceptible de referirse a cada uno de los esclavos. Y la cuestión, ciertamente, no carece de importancia: si, en efecto, viniese explicitada, como en los textos antes aludidos, una expresión significante, empleada en este caso por el testador, a la que pudiesen corresponder varios significados (vinculados a la identidad de cada uno de los esclavos), las referencias siguientes a la *voluntas* o el *sensus* (*... si quis de pluribus unum manumitti voluerit nec appareat, de quo manumittendo testator sensit,...*) resultaría claro que lo son, conforme a la noción lingüística de estos términos que he venido repitiendo, al significado que el sujeto infundió a la voz significante, o, si se quiere, al sentido en el que la empleó; resultaría claro, digo, por la conexión del binomio *significante –significado* que el texto patentizaría. El jurista podría, en esta línea, haber redactado el texto, por ejemplo, así: *Si quis ea verba*: "…", *de pluribus unum manumitti voluerit...* Pero, al no figurar en el tenor textual el significante equívoco, al faltar, pues, uno de los elementos del binomio lingüístico, el intérprete moderno corre el riesgo de no reparar en el otro como tal elemento de dicho binomio y hacer así de las expresiones "*si quis...voluerit*" y "*testator sensit*" una lectura en clave psicológica y no lingüística, máxime por cuanto esa es la tendencia inercial apriorística de la mentalidad jurídica de nuestro tiempo. Este diagnóstico resultaría, además, aparen-

---

rescriptos de Antonino Pío y Marco Aurelio, que hicieron obligatoria esta manumisión para el fiduciario, en d'Ors, DPR (2004), 409, n. 1 del § 325.

230 D. 18, 1, 6, 1 *Pomponius libro nono ad Sabinum.*

231 D. 50, 16, 219 *Papinianus libro secundo responsorum.*

232 D. 45, 1, 41 pr. *Ulpinianus libro quinquagensimo ad Sabinum.*

233 D. 19, 2, 29 *Alfenus libro septimo digestorum.*

temente fortalecido por estar en consonancia con el entendimiento tardío, que habría de extenderse en la época postclásica, de la *voluntas*, al tratarse, precisamente, de un texto de Modestino[234]. Sin embargo, una vez sintonizados con la perspectiva lingüística de los clásicos, comprenderemos, a poco que nos fijemos, que el jurista, en el fragmento que nos ocupa, no ha abandonado este ámbito. Es de notar, en primer lugar, la equivalencia entre *voluerit* (*si quis...voluerit*) y *sensit* (*testator sensit*), y, en relación con esta última expresión, cualquier duda sobre su sentido lingüístico viene despejada por "*nec appareat*", alusivo con seguridad al significante equívoco, pues sólo a través del mismo sería concebible un *apparere* relativo al *sensus*. Pero, sobre todo, la solución ofrecida (*nulli eorum fideicommissa competit libertas*) viene a confirmar la coincidencia de la óptica hermenéutica de Modestino con la de sus antecesores clásicos: no podrá alcanzar la libertad, en efecto, ninguno de los esclavos, porque no puede ser determinado el *lektón* en el que se establezca la concordia *dicendi et exaudiendi* entre el testador y los destinatarios de las *tabulae* testamentarias, y, por lo tanto, no puede ser identificado el signo lingüístico que constituye la realidad material, al efecto de prosperabilidad de la eventual pretensión procesal de libertad, relativa a cualquiera de los esclavos.

Modestino, por consiguiente, al menos en lo que hace al entendimiento lingüístico de la interpretación negocial que este fragmento denota, es un clásico, o, en cualquier caso, y como en otro lugar he tenido ocasión de poner de manifiesto en referencia a Aemilius Macer[235], un "nostálgico del clasicismo" que, habiendo bebido en las fuentes ulpianeas y, por ello mismo, en las aún anteriores[236], vive y trabaja en un escenario histórico ya bien distinto. No debe, en absoluto, ser menospreciado, ya que forma parte de ese muy digno pu-

---

234 Etiquetado, como es sabido y adecuadamente, como el "último clásico"(por todos, v. Schulz, History, 1953, 251; Bretone, Storia, 1991, 364) y, con mayor precisión, como "figura puente entre los clásicos burocráticos y los postclásicos": d'Ors, DPR (2004), 102.

235 Sainz-Ezquerra, J.M., Estudios en mem., de B.Mª Reimundo Yanes (2000), T. II, 389 ss.

236 V., sobre el *eje* doctrinal Labeón-Pomponio-Ulpiano, Stolfi, E., Studi sui "Libri ad edictum" di Pomponio I, Trasmissione e fonti (2002), 327 ss.

ñado de juristas (Paulo y Ulpiano primero, y, después, Calístrato, Trifonino, Marciano, Macer y el mismo Modestino), de los que, con cabal y estética descripción, ha podido decirse que su aportación jurídica "sembrò mantenersi miracolosamente in equilibrio tra forme nuove e tenace memoria dell'antico"[237], puesto que "fu una stagione di straordinaria densità intellettuale, apertasi quando già precipitava il secolo della crisi. Proprio mentre contribuiva a creare con le sue stesse scelte le condizioni della sua scomparsa, il diritto giurisprudenziale romano ebbe il tempo e la forza di innalzare come il monumento di se stesso, delineando il profilo finalmente compiuto di un diritto formale (...) –per quanto limitata e contraddittoria potesse essere la sua effettiva applicazione nella societa imperiale dell'epoca– preparando la strada a tutti i successivi recuperi attualizzanti del pensiero giuridico antico, ..."[238].

Creo, en fin, que la noción de *voluntas* y *sensus* que pervive en el texto de Modestino, prácticamente ya, por lo tanto, en los albores postclásicos, constituye un buen ejemplo de lo que las palabras que acabo de transcribir pretenden expresar.

Para concluir esta sección, haré algunas reflexiones corroborantes de las ideas hasta aquí desarrolladas, sobre la base de dos textos, cuyo autor, Ulpiano en ambos casos, discurre en torno a sendos significantes lingüísticos equívocos muy difundidos en la vida cotidiana y, por ello mismo, en las declaraciones negociales, a saber, "*biblioteca*" y "*vino*".

> D. 32, 52, 7 y 7ª *Ulpianus libro vicesimo quarto ad Sabinum: Sed si bibliothecam legaverit, utrum armarium solum vel armaria continebuntur an vero libri quoque contineantur, quaeritur. et eleganter Nerva ait interesse id quod testator senserit: nam et locum significari bibliothecam eo: alias ar-*

---

[237] Schiavone, A., Linee di storia del pensiero giuridico romano (1994), 242. Por cuanto las "forme nuove" no pudieron eclipsar la "tenace memoria dell'antico" (el *derecho de juristas*), he atribuido a Ae. Macer una "nostalgia del clasicismo" (loc. cit. en n. 235; v., en esp., las reflexiones conclusivas, pags 400-401), detectable en su concepción –y valoración– del *ius litigatoris* frente al *ius constitutionis*. Para la influencia de mi análisis en la moderna doctrina procesal, cfr. Morón Palomino, M., La nueva casación civil (2001), 136 ss.

[238] Schiavone, *ibid.*

marium, sicuti dicimus "eboream bibliothecam emit": alias libros, sicuti dicimus "bibliothecam_emisse". 7ª) Quod igitur scribit Sabinus libros bibliothecam non sequi, non per omnia verum est: nam interdum armaria quoque debentur, quae plerique bibliothecas appellant: plane si mihi proponas adhaerentia esse membro armaría vel adfixa, sine dubio non debebuntur, cum aedificii portio sint.

Ante el uso por el testador, para designar el objeto de un legado, de la voz significante "biblioteca" ("*bibliotheca*"), se plantea Ulpiano la *quaestio* hermenéutica (..., *quaeritur*) de si el derecho del legatario se extenderá sólo al armario o armarios en que están colocados los libros, o también a los mismos libros. Ciertamente, ambos sentidos corresponden a la voz empleada, pero, conforme al testimonio del autor del texto, aún Nerva reseña uno más, a saber, el lugar o inmueble que alberga las estanterías y los libros. A veces sucede que la expresión significante se integra por más elementos que la simple voz "biblioteca", de tal manera que el sentido de ésta, entre los tres posibles, resulta precisado, o, dicho de otro modo, se presenta como expresión unívoca, en relación con la cual, por lo tanto, *non debet admitti voluntatis quaestio*, ya que en sus palabras *nulla ambiguitas est*[239]. El mismo Nerva ejemplifica al respecto: nuestro significante integrará signo lingüístico con el significado de "lugar", o "inmueble" (*...et locum significari...*), si decimos "*in bibliothecam eo*"[240]; lo hará, en cambio, con el significado de "armario" (*alias armarium* –elíptico *significari*–, ...) cuando decimos "*eboream bibliothecam emit*"; y lo formará, finalmente, con el significado de "libros" (*alias libros* –eliptico *significari*–,...) si manifestamos "*bibliothecam Graecam emisse*[241]. En cualquiera de estos casos no habría duda alguna sobre el *sensus* ínsito en el significante, que es, en definitiva, lo que importa dilucidar en la declaración del testador, que ha originado la *quaestio* propuesta por Ulpiano (*et eleganter Nerva ait interesse id*

239 D. 32, 25, 1 *Paulus libro primo ad Neratium*.

240 Conforme al complemento de Mommsen: *nam et locum significari* [*bibliothecae appellatione, sicuti dicimus "in] bibliothecam eo*". *Ed. maior* II, 89 n. 2.

241 Según el criterio de Mommsen, por lo que hace a la inserción de "*Graecam*": *Ed. maior* II, 89 n. 3.

quod testator senserit). Pero, atención, no nos pase desapercibido este importante matiz: si Nerva alude, como criterio interpretativo, al *id quod testator senserit*, puesto que tres son los significados en el uso común de la voz empleada (*locum significari..., armarium significari ..., libros significari*), resulta claro que se está situando en una perspectiva netamente lingüística al entender por *id quod testator senserit* cuál sea, de entre aquéllos tres, el sentido –*sensus*– en el que el disponente empleó la voz "*bibliotheca*"; sentido que, por consiguiente, dicha voz incorpora en sí misma, en la disposición testamentaria, con absoluta independencia ya del pensamiento del testador que la utilizara, formando ambos, la voz significante y el significado que encierra en esa concreta cláusula testamentaria, un signo o entidad lingüística objetivada, cuyo examen habrá de prescindir, por lo tanto, de cualquier pretendida faceta psicológica.

Interesa, en fin, en relación con la segunda parte del fragmento, la explicación que Ulpiano ofrece para ilustrar, en el punto concreto del que trata, su discrepancia con Sabino: *interdum armaria quoque debentur, quae plerique bibliothecas appellant*:... El criterio para considerar a los armarios incluidos en el legado de "*bibliotheca*", además de los libros, estriba en que se trate de la clase de armarios que la mayoría de las personas llama "bibliotecas"[242]. Así pues, es el uso social común, o generalizado, la pauta objetivadora de la correspondencia entre una voz significante y un específico significado[243], al efecto de poder admitirse la integración, por la conjunción

---

[242] Este apoyo en el comportamiento lingüístico de la mayoría de las personas –"*plerique*"– suscita de inmediato el recuerdo de la sustentación aristotélica de los *topoi* en principios que "parecen aceptables a todos, o a los más, o a los sabios, y, entre estos, o a todos, o a los más, o a los más ilustres y famosos" (*Top*. 100 b, 21); y la conexión entre ambas cuestiones aparece clara si consideramos la dimensión lingüística de los *topoi*, tal como es formulada, v.g., por Bornscheuer: "un *topos* es un *standard* del hábito cognoscitivo, lingüístico y/o de comportamiento, internalizado por la sociedad respectiva; un elemento estructural del tejido sociolingüístico de la comunicación, ..." (cfr. Topik. Zur Struktur der gesellschaftlichen Einbildungskraft, 1976, 96).

[243] Idea de indudable origen estoico (la συνέθεια como criterio determinante de la significación de las palabras), que encontró amplia acogida en el pensamiento de los juristas romanos: cfr. A. Guzmán, BIDR XXXIX (1997, publ. 2003), 432, 436 ss.; Historia de la interpretación... (cit. en n. 35), 66 ss.

de ambos, de un determinado signo o realidad lingüística, con las consecuencias que en el ámbito jurídico hayan de derivarse de dicha integración.

El segundo de los textos de Ulpiano a los que he aludido como de interés para subrayar algunas de las ideas anteriormente expuestas es el siguiente:

> D. 33, 6, 9 pr. *Ulpianus libro vicesimo tertio ad Sabinum: Si quis vinum legaverit, omne continetur, quod ex vinea natum vinum permansit. sed si mulsum sit factum, vini appellatione non continebitur proprie, nisi forte pater familias etiam de hoc sensit. certe zythum, quod in quibusdam provinciis ex tritico vel ex hordeo vel ex pane conficitur, non continebitur: simili modo nec camum nec cervesia continebitur nec hydromeli. quid conditum? nec hoc puto, nisi alia mens testantis fuit. oenomeli plane (id est dulcissimum vinum) continebitur: et passum, nisi contraria sit mens, continebitur: defrutum non continebitur, quod potius conditurae loco fuit. acinaticium plane vino continebitur. cydoneum et si qua alia sunt, quae non ex vinea fiunt, vini appellatione non continebuntur. item acetum vini appellatione non continebitur. haec omnia ita demum vini nomine non continentur, si modo vini numero a testatore non sunt habita: alioquin Sabinus scribit omnia vini appellatione contineri, quae vini numero pater familias habuit: igitur et acetum, quod vini numero pater familias habuit, et zythum et camum et cetera, quae pro hominum affectione atque usu vini numero habebuntur. quod si totum vinum, quod pater familias habuit, coacuit, non exstinguitur legatum.*

Este texto, en verdad ilustrativo sobre los variados tipos de bebidas espirituosas habituales en la Roma de Ulpiano, tiene un indudable interés en relación con la trascendencia del uso social para la atribución de significados a los significantes lingüísticos, mas allá de los inicialmente admitidos con arreglo a un criterio *natural*[244], transformándose así dichos significantes de *unívocos* en *equívocos* y posibilitando, en consecuencia, que el hablante pueda formar, mediante

---

[244] Esto es, la κοινὴ συνέθεια, como fuente de las anomalías semánticas: Guzmán, BIDR XXXIX, 430 ss.; Historia de la interpretación...,71 ss.

su utilización, signos lingüísticos distintos, que, en el campo jurídico negocial, y ante la reclamación articulada a través de una fórmula procesal de las características propias del sistema romano clásico, deberán ser correctamente identificados al efecto de constatación de su *encaje* preciso en el *modelo* formulario.

Ante un legado de "vino", teniendo el testador en su bodega diversas clases de bebidas sobre las que podría debatirse su pertenencia o no a aquella denominación, surge la *quaestio* (hermenéutica) de determinar cuáles de dichas bebidas habrán de entregarse al legatario y a qué otras no se extenderá el derecho de éste. Ulpiano ofrece, como punto de partida, un criterio estrictamente natural, es decir, basado en aquello en lo que, por esencia, consiste el vino: *omne continetur, quod ex vinea natum vinum permansit*[245]. El vino, en efecto, es por naturaleza un producto de la viña; pero, una vez obtenido, puede, por manipulación del hombre o por evolución natural, experimentar transformaciones que supongan un cambio cualitativo sustancial, de tal manera que deje de ser "vino". Así pues, conforme a este criterio natural, habrán de excluirse de la denominación de *vino* (y, por lo tanto, del derecho del legatario) las bebidas que, o bien *ab initio* no hayan sido obtenidas de la viña, o bien las que, habiendo sido extraídas de las uvas, hayan variado básicamente en cuanto a su sustancia. He aquí los ejemplos del jurista al respecto: en razón de su origen, no se contendrán bajo la denominación de "vino" el *zythum*, puesto que no procede de la vid, sino que se trata de una bebida que *in quibusdam provinciis ex tritico vel ex hordeo vel ex pane conficitur*; por similar motivo (*simili modo...*) el *camum*, *cervesia* e *hydromeli*; tampoco el *cydoneum* ni, en general, *alia, quae non ex vinea fiunt*. Y, a causa de su transformación, no habrán de ser considerados "vino" el *mulsum*, el *conditum*, el *defrutum* (*quod potius conditurae loco fuit*) ni el *acetum*[246]. Son, en cambio, a la vista de este mismo

---

[245] Así, "*permansit*" hace referencia a la inalteración de la sustancia inicial del producto de la viña, y no a la permanencia del vino en el caudal hereditario: v., en este último sentido, la traducción del texto contenida en la ed. del Digesto de A. d'Ors, F. Hernández-Tejero, P. Fuenteseca, M.García Garrido y J. Burillo, Pamplona, 1968.

[246] El *acetum* que puede dar lugar a la *quaestio* sobre la que el jurista se pronuncia es el procedente de la evolución natural del vino, a través del proceso de

criterio natural, "vino" algunas otras bebidas procedentes de la vid, cuya naturaleza, sin embargo, pudiera ofrecer alguna duda a causa de determinados cambios acaecidos en las uvas originarias o en el propio mosto (cambios, por lo tanto, estimados por el jurista no sustanciales): el *oenomeli* ("vino", a fin de cuentas: *id est dulcissimum vinum*), el *passum* y el *acinaticium*[247].

Resulta, sin embargo, que ese criterio natural sobre lo que sea o no sea "vino" puede, en ocasiones, verse extralimitado, o, también, constreñido por el *sensus* o *mens testatoris*, de tal manera que haya de considerarse "vino" lo que en rigor, por naturaleza, no lo sería y, a la inversa, excluirse de tal denominación algunas bebidas que participan de la natural esencia de aquél. De entre las bebidas citadas, Ulpiano matiza en el indicado sentido sobre las siguientes: el *mulsum... vini appellatione non continebitur proprie, nisi forte pater familias etiam de hoc sensit*; el *conditum* no es "vino" *nisi alia mens testantis fuit*; el *passum*, en cambio, es "vino" *nisi contraria sit mens*; y, en fin, genéricamente, todas las bebidas citadas como no susceptibles de ser calificadas como "vino" conforme al criterio natural habrán de excluirse de dicha calificación sólo *si modo vini numero a testatore non sunt habita*.

Desde una concepción psíquica del *sensus* o *mens*, resultaría ciertamente desconcertante leer que una tendencia volitiva del testador pudiera modificar la naturaleza de las cosas. Pero desde la pers-

---

oxidación que transforma el alcohol en ácido acético, tal como hoy lo conocemos. La elaboración llamada *embamma*, que *ab initio acetum fuit* (cfr. D. 18, 1, 9, 2 *Ulp. libro vicensimo octavo ad Sab.*) entra siempre en la categoría del *acetum*, en contraposición a la del *vinum*, de cuya naturaleza es indudable que no participa: v. D. 33, 6, 9, 1 *Ulp. libro vicesimo tertio ad Sab.* En la época de Ulpiano, y al menos hasta el siglo V conforme al testimonio de Theodorus Priscianus, la *embamma* era un preparado alimenticio al uso: cfr. Thesaurus Linguae Latinae V, 2, fasc. I (1931), voz *embamma*. En relación con los dos textos que cito, v. mi análisis de crítica textual en Est. Álvarez Suárez (1978), 435 ss.

247 La caracterización como *vinum* del *oenomeli* en nada resulta afectada porque se trate de un *dulcissimum vinum*, o como en la inicial transcripción del texto en el manuscrito Florentino, de un *mulcissimum vinum*: lección ésta, por lo demás, coherente con que el mismo manuscrito refleje, unas líneas más arriba, *mulcum* por *mulsum*: cfr. Mommsen, *ed. maior, ad h. l.* Para la versión española de los nombres de las diversas bebidas que el texto incluye, v. la del Digesto cit. en n. 245.

pectiva lingüística propia de la jurisprudencia clásica, la cuestión ha de entenderse de otra manera. Ulpiano, en efecto, en relación con cada una de las bebidas que menciona, sólo de manera indirecta trata de pronunciarse sobre si participan o no de la naturaleza de "vino"; la *quaestio* a la que en cada caso viene a dar respuesta es si tal o cual bebida *vini appellatione continebitur* o *non_continebitur*. El criterio a cuya luz hace un repaso de las diversas bebidas no es el de su eventual *naturaleza de vino*, sino el de su *adecuada inclusión bajo la denominación de vino*. Y esto es algo que no depende ni de la sustantividad natural de la bebida, ni de una hipotética *mens testatoris* entendida en sentido subjetivo, sino del *uso social*, tratándose, en definitiva, de a qué se llama "vino" en la comunidad hablante[248], o, visto desde otro ángulo, de *si la voz significante "vino" puede abarcar, como uno de sus significados lingüísticos, la bebida concreta de que se trate*. Desde luego, dicho significante encierra, como significado más propio, el relativo a la bebida que es "vino" de conformidad al criterio natural que Ulpiano consigna al inicio del texto: *quod ex vinea natum vinum permansit*; por ello, el *mulsum* no se contiene en la denominación de vino *proprie*. Pero el uso lingüístico ha hecho que no se trate de un significante unívoco, por más que tenga un principal significado propio, al hilo del criterio natural, sino que sea equívoco, por cuanto, además de dicho significado, puede abarcar, en sentido amplio, otros atinentes a diversas bebidas espirituosas que, por costumbre, suelen computarse como "vinos"[249]. Así pues, ante reclamaciones por parte del legatario frente al heredero relativas a estas bebidas, que eventualmente pudieran existir en la bodega del testador, habrá de determinarse, al efecto de la condena o absolución del demandado, si, por medio de la voz "vino", dicho testador puso en existencia una entidad lingüística inclusiva también de la referencia a la bebida objeto de reclamación, o si por el contrario,

[248] El criterio, por lo tanto, del *communis usus*, o κοινή συνέθεια, que, en última instancia, fija la significación de las palabras: Guzmán, loc. cit. en n. 121 y 243.

[249] En la doctrina lingüística estoica, la κοινή συνέθεια origina, en efecto, las anomalías semánticas, atribuyendo a los significantes sentidos distintos del que, inicialmente, como πρωται φωναι, o "voces primigenias", les corresponde por naturaleza: Guzmán, loc. cit. en n. 244.

no habiendo infundido tal *lektón* a la voz significante, creó una entidad lingüística distinta cuyo significado no abarque más allá de lo que haya de estimarse "vino" con arreglo al criterio natural. A esto, a cuál haya sido el significado infundido por el sujeto al significante "vino", si es inclusivo o no de cada una de las otras bebidas, hace referencia la *mens testatoris*. No se trata –insisto– de una supuesta "voluntad interna", sino del significado infundido *de facto* a la voz significante, en unión de la cual, desde que dicha voz es proferida, pasa a formar una entidad lingüística real, objetivada, externa e independiente de la persona que la ha generado; entidad ésta constitutiva del acontecimiento material que habrá de ser cotejado por el juez con el modelo formulario.

Y, así entendida la *mens testatoris*, en el sentido lingüístico que resulta adecuado, habrá de venir referida solamente a *significados* propiamente dichos, esto es, socialmente implantados en la comunidad hablante. Podrá, ciertamente, el testador utilizar el significante "vino" para referirse estrictamente a la bebida que lo es de conformidad al criterio natural, o para ampliar dicha referencia a otras bebidas; ahora bien, en este último caso será requisito indispensable que el uso social establecido permita dicha ampliación para las bebidas concretas de que se trate, que éstas, en definitiva, puedan, conforme a los hábitos expresivos comunes, ser incluidas bajo la denominación genérica de "vinos". Este requisito, y, con él, la confirmación de que el entendimiento del texto que propongo descansa en una clave correcta, venía ya expresamente exigido por Sabino, según el testimonio del propio Ulpiano en la última parte del texto: Sabino, en efecto, sobrepasando el criterio natural y generalizando el lingüístico, había sustentado la opinión de que bajo la denominación de vino se comprendían cuantas bebidas habían sido consideradas como tal por el *paterfamilias* (*omnia vini appellatione contineri, quae vini numero pater familias habuit*), por lo que nada obstaba a incluir el *acetum* (naturalmente, *quod vini numero pater familias habuit*), el *zythum*, el *camum* u otras bebidas; ahora bien, con tal de que sean de aquéllas *quae pro hominum affectione atque usu vini numero habebuntur*[250]. Esta expresión reviste una

[250] Esto es, que puedan considerarse como "vinos" de conformidad al criterio de la κοινή συνέθεια, o *communis usus*.

fundamental importancia: que puedan tenerse como vinos en razón de la adscripción y el uso de los hombres, o, expresado de otra manera, que la comunidad hablante les haya otorgado conceptualmente carta de naturaleza como *lekta* susceptibles de integrar, con el significante "vino", signos lingüísticos adicionales al primario, que, con el mismo significante, formaría el significado correspondiente al criterio natural[251]. Desde luego, ninguna *mens testatoris*, por cuanto su naturaleza en el pensamiento jurisprudencial es lingüística y no psicológica, podría pretender la inclusión bajo el nombre de "vino" de bebidas tales como, v.g., el agua, la leche o los zumos de frutas no fermentados. Sucedería, si tal fuese la intención de un eventual disponente que hubiere legado el "vino", que *neque id dicit quod vox significat, quia non vult, neque id quod vult, quia id non loquitur*[252]; puesto que *non posset videri* (que estas bebidas) *appellatione (vini) contineri*[253].

2.4. RECAPITULACIÓN

Fijaré en esta sección, de manera sistemática y compendiada, las principales ideas que he ido desarrollando a través del análisis textual precedente, así como algunas conclusiones que de ellas pueden derivarse.

A) Para los juristas clásicos, y por influencia estoica, *voluntas* (e igualmente las nociones análogas desde la perspectiva hermenéuti-

---

[251] La misma idea se contiene en el esclarecedor texto de Próculo, D. 50, 16, 125 *Proc. libro quinto epistularum: ...qui ambigue loquitur, id loquitur, quod ex his quae significantur sensit*. La aseveración *qui ambigue loquitur, id loquitur, quod... sensit* es en esencia equivalente a la de Paulo (*lib. quarto décimo quaest*., D. 34, 5, 3) *in ambiguo sermone non utrumque dicimus, sed id dumtaxat quod volumus*: en definitiva, a la expresión significante ambigua, o equívoca, corresponde –y, por lo tanto, ha de atribuírsele– el significado con el que el sujeto hablante la profirió; ahora bien, no de un universo ilimitado de sentidos, de entre los cuales pudiera dicho sujeto tomar a su libre arbitrio el que quiera infundir a sus palabras, sino *ex his quae significantur*, es decir, sólo de entre los que han resultado objetivados por el uso lingüístico –por el *communis usus loquendi*– para aquella expresión ambigua.

[252] D. 34, 5, 3 *Paulus libro quarto decimo quaestionum*.

[253] Construyo esta última aseveración a partir de la de igual estructura de Javoleno (*libro tertio ex posterioribus Labeonis*) en D. 33, 10, 10:..., *quia non posset videri vestis appellatione supellectili contineri*.

ca, como *animus*, *mens*, *sensus*, etc.) no tiene un sentido *psicológico*, como facultad anímica de la persona, sino *lingüístico*, en referencia al significado en el que el sujeto negocial empleó *de hecho* la expresión *significante*, de entre aquéllos objetivados por el uso común en una determinada comunidad hablante. Puesto que *significante* y *significado* forman, como unidad inescindible, el *signo* o *entidad* lingüística que, a su vez, constituye el acontecimiento material que, en ocasión de una reclamación procesal, debe el juez cotejar con el modelo formulario al efecto de cumplir la instrucción pretoria de condenar o absolver al demandado conforme dicho acontecimiento se ajuste o no a aquel modelo (*si paret...condemnato, si non paret, absolvito*), ante una expresión significante constituida bien por el conjunto, o bien por alguno de los elementos de una declaración negocial no formal, se impone necesariamente la determinación de su *significado*, en especial si se trata de un significante *equívoco*, para constatar la realidad lingüística ante la que se está, con exclusión de cualesquiera otras posibles, puesto que el mismo significante imbuido de uno u otro significado daría lugar a diversas entidades lingüísticas.

La realidad lingüística formada por la declaración negocial (o por alguno de sus elementos) es un ente objetivo, desvinculado e independiente de la psique del sujeto emisor de la citada declaración, análogamente a como tiene una entidad completa en sí misma e independiente el niño respecto de la madre que lo ha alumbrado, una vez consumado el parto. El sujeto que profiere la expresión significante lo lleva a cabo, de hecho, en *un determinado sentido*, esto es, con un concreto significado lingüístico y con exclusión de los demás posibles, formando así una única y determinada entidad lingüística, que, una vez articulada aquella expresión, adquiere vida y devenir propios, desvinculados de la psique de quien ha hablado. Desde la perspectiva hermenéutica de los juristas clásicos, la tarea consiste en la determinación de ese *sentido o significado lingüístico* inherente a la expresión significante utilizada, e inamovible después de su utilización, por cuanto la entidad lingüística formada resulta ya ajena e independiente de la psique del sujeto negocial, quien, ante tal *objetivación*, no posee ya control alguno sobre la misma. Podrá, ciertamente, el mencionado declarante modificar con posterioridad su actitud anímica volitiva, o manifestar que la ha modificado, o que aquélla fue, o es, una u otra; podrá el retórico argumentar discursivamente sobre la base de este supuesto, o, en su caso, real (aunque siempre de incierta constatación) posicionamiento psíquico; pero nada de ello interesará al jurista, que tomará como único objeto de su análisis hermenéutico la realidad lingüística creada *de facto* mediante la emisión de la declaración negocial y, en los límites de la misma, sin trascendencia alguna al plano psicológico, tratará de *identificarla*, determinando el significado que, juntamente con el elemento externo, la voz significante, la integra.

B) Resulta así clarificado qué entiende la jurisprudencia clásica por *voluntatis quaestio*: no se alude mediante esta expresión a psicologismo alguno, sino a un problema para cuya solución se requiere la indagación *objetiva* de algo *objetivo*.

Ciertamente, a los efectos de la citada indagación, carece de relevancia tanto lo que el sujeto *quiso* internamente, como lo que *quiso decir*, de manera arbitraria, mediante su expresión. Importa el *sentido objetivo* del que hizo uso mediante dicha expresión, el *conceptus obiectivus* (no propio del declarante o arbitrario por su parte), lo que equivale a decir la entidad lingüística que *de facto* puso en existencia: si la expresión significante tiene un sentido objetivo *unívoco*, no ofrecerá duda alguna cuál sea dicha entidad lingüística, y a ella deberá atenerse el intérprete y, naturalmente, el juez, sin que sea admisible, en consecuencia, *voluntatis quaestio* alguna, esto es, *cuestión*, o *problema*, sobre un significado, o *lektón*, que lo rechaza esencialmente, puesto que sólo puede ser *uno*[254]. Cabe, con todo, que tal significado o *lektón* único haya resultado desvirtuado porque, pese a ser el inherente a la expresión significante conforme al uso de la comunidad lingüística, no haya sido el que el hablante pretendió infundir en aquella expresión, o, si se quiere, empleó la misma, en subjetiva desviación del uso lingüístico, con una representación conceptual diferente. Tal cosa, precisamente por su naturaleza interna que escapa al campo de la lingüística, no debe, desde luego, presuponerse; pero si, en definitiva, llegase a aflorar como algo *manifestum*[255], resultaría

---

[254] D. 32, 25, 1 *Paul., libro primo ad Neratium.*

[255] D. 32, 69 pr. *Marcellus libro singulari responsorum.*

indubitado que la entidad lingüística constituida por la voz significante y su significado objetivo es sólo *aparente*; razón por la cual habrá de ser rechazada por el juez en la ocasión procesal de su cotejo con el modelo formulario, sin que proceda tampoco, por lo demás, que sea tomada en consideración la representación mental auténtica del sujeto, puesto que ésta, al no haber sido expresada mediante la correspondiente voz significante, no ha llegado a constituir realidad lingüística alguna[256].

En el supuesto de que la expresión significante empleada por el sujeto negocial sea equívoca, es decir, admita en el uso de la comunidad hablante más de un significado, será labor del intérprete (y, desde luego, del juez en la correspondiente fase procesal) establecer en cuál de dichos sentidos objetivos fue proferida aquella expresión[257], lo que supone, como ya he explicado, aislar e identificar la unidad lingüística formada *de facto*, de entre las potencialmente correspondientes a la voz utilizada. El problema de esta indagación es la *voluntatis quaestio* de los juristas clásicos, que, por lo tanto, y como ya he avanzado, nada tiene que ver con una *investigación de la voluntad en sentido psicológico*. En rigor, todo queda en el mundo de los *hechos externos y constatables*, sin que la actividad hermenéutica haya de trascender al de los pensamientos inescrutables, por cuanto: a) es un *hecho* la expresión significante proferida (hablada o escrita) por el sujeto; b) es un *hecho* que, en el concreto ámbito lingüístico, dicha expresión puede tener –pongamos por caso– tres sentidos objetivos (v.g., *biblioteca* como conjunto de libros, mueble que los contiene o edificio que los alberga); c) es un *hecho* que el sujeto, al haber empleado precisamente *esa* voz y no otra, lo hizo *en uno de estos sentidos*, pues significante y significado forman una *unidad*, que es el signo lingüístico como instrumento de comunicación; d) finalmente, la determinación de en cuál de los sentidos posibles fue

---

256 D. 34, 5, 3 *Paul., libro quarto decimo quaestionum:...qui aliud dicit quam vult, neque id dicit quod vox significat, quia non vult, neque id quod vult, quia id non loquitur.*

257 Toda vez que, en palabras de Próculo (*lib. quinto epist.*, D. 50, 16, 125), *qui ambigue loquitur, id loquitur quod ex his quae significantur sensit*; o, en las de Paulo (*lib. quarto decimo quaest.*, D. 34, 5, 3), *in ambiguo sermone non utrumque dicimus, sed id dumtaxat quod volumus*.

empleada la expresión es una actividad que ha de apoyarse en *hechos* y *datos* constatables, y no en inciertas prospecciones anímicas o conjeturas sobre posicionamientos volitivos de índole psíquica[258].

C) La idea preconcebida de que *voluntas* es una noción exclusivamente retórica, con su sentido psicológico en contraposición a *verba* (según el conocido *status*), ha impedido comprender que también pertenece a otros ámbitos culturales, y que en el del derecho, para los juristas clásicos, tiene el sentido lingüístico analizado. Así, se ha venido atribuyendo a *voluntas* y otros términos análogos –*animus, mens, sensus*–, en los textos jurídicos en que aparecen, el sentido retórico-psicológico (el único que se ha creído concebible), con el resultado de, o bien entenderse que, a partir de la idea de que retórica y derecho son campos independientes e inconexos, los textos están necesariamente interpolados[259], o bien ver en los juristas el planteamiento *verba-voluntas* en diferentes grados de opción por uno u otro de los elementos del binomio, dependiendo de los distintos juristas, casos y épocas[260].

Si entendemos, como es lo correcto en la perspectiva jurídica, *voluntas* y las nociones equivalentes en el sentido lingüístico expuesto, a partir de que tales nociones no pertenecen *sólo* a la retórica ni revisten *sólo* el sentido que adquieren en esta disciplina, no será necesario, por una parte, suponer de manera arbitraria alteraciones en los correspondientes textos, puesto que los juristas clásicos manejaron con naturalidad aquellos vocablos; y, de otro lado, tampoco nos veremos en la tesitura de tener que admitir en la jurisprudencia un enfoque hermenéutico –el ajustado al antagonismo *verba-voluntas*– que es propio del método retórico. Se trata de una vía que viene

---

[258] Ilustrativas a este respecto resultan las reflexiones de Gandolfi, en Studi sull'interpretazione degli atti negoziali in diritto romano (1966), 341 ss. y St. Scherillo I (1972), 29 ss.

[259] Tesis, cierto es, ya antigua y directamente relacionada con la "fiebre interpolacionística" de los primeros decenios del siglo XX, impulsada especialmente por Beseler y Albertario: v. *supra*, n. 19 y 20, y Tellegen-Couperus, RIDA XLVII (2000), 168.

[260] Esta posición se ha venido manteniendo hasta la actualidad por no pocos romanistas, pese a advertencias tan fundadas como, v.g., las de Biondi, Gandolfi o Wieacker (v. *supra*, n.29, 30, 32).

a aportar una solución simple y satisfactoria a un problema científico ya clásico en la romanística.

D) Repárese en que en la concepción retórica del binomio *verba-voluntas*, la contraposición entre ambos elementos no solamente es *posible*, por cuanto se trata, en definitiva, de una entidad psíquica y, por lo tanto, esencialmente *subjetiva*, y su exteriorización u *objetivación*, que puede ser más o menos fiel a aquélla, o, incluso, carecer absolutamente de fidelidad, razón por la cual ambos conceptos son imaginables como independientes uno respecto del otro; es, además, una contraposición *deseable*, en cuanto *útil* a la finalidad persuasiva en relación con un determinado posicionamiento dialéctico[261]. Sin embargo, en el campo del derecho, y a la vista del concepto de *voluntas* que es propio de los juristas, debe concluirse que una pretendida contraposición *verba-voluntas* es algo *lógica y dialécticamente imposible*, y por ello es ignorada por los juristas clásicos, como ha sido puesto de manifiesto, con evidente acierto, por algunos de los mejores teorizadores de la metodología hermenéutica de dichos jurisconsultos[262]. En efecto, desde la perspectiva lingüística, las "palabras" y la "voluntad" no pueden oponerse nunca, por la sencilla razón de que resultaría absurdo pensar en una oposición entre *significante* y *significado*: ambos integran una *única* realidad, que es el *signo* o *entidad lingüística*, que existe, precisamente, por la fusión inescindible entre ellos. Concebirlos en contraposición, con la consecuencia de que fuese necesario optar por uno con abandono del otro, sería algo tan irracional como, v.g., ante la realidad constituida por una molécula

---

[261] Matthew Leigh, en un estudio sobre parte de la *Institutio oratoria* de Quintiliano (The Journal of Roman Studies XCIV, 2004, 122 ss.), y a la vista también de manifestaciones de Aristóteles y Cicerón, ha desarrollado una penetrante reflexión sobre la naturaleza y finalidad de la retórica antigua. En este artículo discurre (pag. 131), por ej. y entre otros puntos de interés, sobre la aseveración de Cicerón conforme a la cual la convicción del juzgador puede ser lograda mejor mediante cierto impulso y perturbación de su espíritu, que mediante el raciocinio y el consejo: "*ut impetu quodam animi et perturbatione magis quam iudicio aut consilio regatur*" (*de orat*. 2, 178).

[262] Además de los cit. en n. 260, cfr. Horak, *Rationes decidendi* (1969), 194; Knütel, Festsch. Kaser (1976), 202; Jakab, SZ 119 (2002), 191.

de agua, representarse una contraposición química entre los dos átomos de hidrógeno y el de oxígeno[263].

Dada una voz o expresión significante admitida en el uso lingüístico, ésta incorpora *necesariamente* un sentido o *lektón*: no hay significantes al estilo de meras formas vacías; y, por otra parte, puesto que el *lekton* presupone la existencia de voces o representaciones escritas que le sirven de soporte en la comunicación, ya que su naturaleza es lingüística, resultaría absurdo imaginar significados aislados de los correspondientes significantes, ideas éstas que habían sido perfectamente establecidas por el estoicismo[264], y que formaban parte del acervo intelectual de los juristas romanos[265]. No es concebible racionalmente, en definitiva, el aislamiento y, por consiguiente, mucho menos aún la contraposición entre elementos complementarios para la integración de una determinada realidad; lo que viene a fundamentar mi adelantada aseveración sobre la imposibilidad lógica y dialéctica de la contraposición *verba-voluntas* en la perspectiva de la jurisprudencia clásica.

---

263 El símil es de Saussure, Curso..., cit. en n. 98, 179. Ed. Engler, 233.

264 V. Guzmán, Historia de la interpretación..., cit. en n. 35, 51 ss.

265 Guzmán, ob. cit., 55 ss.

—3—
EMILIO BETTI
Y LA *CONCORDIA DICENDI ET EXAUDIENDI*

Es claro que si, en materia de voluntad negocial, los textos de la jurisprudencia clásica son enfocados desde la visión pandectista de consideración de la *voluntad* como un elemento interno, perteneciente a la psique del sujeto, que requiere de una manifestación externa constituida por la correspondiente *declaración*, planteándose así al intérprete como cuestión fundamental la de establecer en cada caso el grado de correspondencia entre ambas entidades, el resultado será un erróneo entendimiento de dichos textos. Y, dada la conformación mental del jurista moderno –también, desde luego, del romanista– el riesgo no carece de importancia. Pensemos, por ejemplo, en algunas dc las mas llamativas "contraposiciones" ya analizadas, que en modo alguno deben ser entendidas como expresiones del binomio *verba-voluntas*, en su acepción consagrada (retórico-pandectista): *a significatione verborum...aliud sensisse testatorem*[266]; *non utrumque dicimus, sed id dumtaxat quod volumus; qui aliud dicit quam vult*[267]; *ubi est verborum ambiguitas, valet quod acti est*[268]; *potius id quod actum, quam id quod dictum sit sequendum est*[269]; *contrahentium voluntatem potius quam verba spectari placuit*[270].

---

266 D. 32, 69 pr. *Marcellus libro singulari responsorum.*

267 D. 34, 5, 3 *Paulus libro quarto decimo quaestionum.*

268 D. 34, 5, 21 (22) pr. *Paulus libro quarto decimo ad Plautium.*

269 D. 18,1,6,1 *Pomponius libro nono ad Sabinum.*

270 D. 50,16,219 *Papinianus libro secundo responsorum.*

Resulta, por ello, oportuno en este punto recordar la teoría que, sobre declaración y voluntad negocial, y con gran perspicacia, construyese quien ha sido el más sólido crítico del "dogma de la voluntad" acuñado por la pandectística, Emilio Betti. Con la autoridad de su consistente formación romanista y civilista, llevó a cabo un diseño impecable desde el punto de vista dogmático y, en lo sustancial, intuitivamente acertado en clave histórica, que, desafortunadamente, está aún por ocupar el lugar central que le corresponde en la doctrina del negocio jurídico. El acercamiento a las fuentes romanas desde su perspectiva es, desde luego, mucho mas correcto que el que está al uso, aún hoy, por inercia pandectista. Su construcción, por demás, tiene como punto de partida una premisa que la mía, expuesta a lo largo de este estudio, comparte plenamente, a saber, el rechazo de la voluntad, en su acepción psicológica, como pretendido "nervio" o "núcleo" del negocio jurídico, si bien por mi parte, y en referencia histórica a la jurisprudencia romana del periodo clásico, he centrado la reflexión en la naturaleza *lingüística* de la declaración negocial, que, según lo estimo, se adecúa mejor al pensamiento de aquellos jurisconsultos que la consideración estrictamente *normativa* que, desde una visión más dogmática, viene a resaltar E. Betti[271]. Veamos todo esto con algún detenimiento.

La doctrina del maestro italiano en el tema que nos ocupa fue expuesta a través de diversos trabajos[272]. Como compendio de ella, he elegido su acabada formulación en la rigurosa y brillante exposición del negocio jurídico, destinada inicialmente al magno "Tratado de Derecho Civil italiano" dirigido por F. Vassalli[273]. He aquí sus ideas fundamentales:

---

[271] La mayor aproximación o paralelismo con la moderna noción de *normatividad*, pero diferente de ella, es la concepción por parte de los juristas romanos de la declaración negocial como *lex privata*, que, en palabras de Biscardi, Est. Iglesias I (1988), 158-159, "non è altro che il regolamento di un rapporto, che bilateralmente o unilateralmente si riconnette ad una manifestazione verbale di volontà da parte di chi ha il diritto di esprimerla".

[272] Para el Derecho romano, fundamentalmente: Diritto romano I, Parte generale (1935), 169 ss., en esp. 197 ss.; Istituzioni di Diritto romano I (2ª ed. 1942, reimpr. 1947) 94 ss., en esp. 99 ss. sobre el caracter prescriptivo de la declaración negocial; v. también Festsch. Wenger 1 (1944), 249 ss.; Ann. Macerata 1 (1966), 7 ss.

[273] E. Betti, Teoría general del negocio jurídico (Trad. de A. Martín Pérez) (1959, 1943 el orig.), en esp. 51 ss. En próximas citas, "Betti".

Constata cabalmente E. Betti que la consideración del negocio jurídico como "declaración de voluntad" (inercia del consagrado término alemán Willenserklärung) "nos viene de los pandectistas alemanes del siglo XIX, seguidores del dogma de la voluntad (de Savigny a Windscheid), y es el resultado de una elaboración un tanto arbitraria de las fuentes romanas operada, con la tendencia y en el sentido de aquel dogma, sobre el terreno del derecho común"[274]. La idea descansa en la contraposición retórica *verba-voluntas*, en la que la voluntad interna, como entidad psíquica individual, adquiere un desmesurado protagonismo, en línea con el individualismo imperante en la doctrina iusnaturalista de los siglos XVII y XVIII, que, desde una perspectiva abstracta y antihistórica, pretendió situar el origen de la organización social en un "contrato"[275].

Convendrá, pues, evitar, en referencia al negocio jurídico, la expresión "declaración de voluntad" y hablar simplemente, en cambio, de "declaración", que es de naturaleza *preceptiva*, reguladora de relaciones privadas[276]. La declaración negocial, en efecto, no es una simple exteriorización de contenidos psicológicos ostentadores de una relevancia jurídica de la que, por sí misma, carezca aquélla, sino, por el contrario, "determinación ordenadora de una línea de conducta frente a los demás, disposición con la que el individuo dicta reglas a sus relaciones con otros y que alcanza, por tanto, una trascendencia esencialmente social y una eficacia operativa propia no válida en otra forma"[277].

---

274 Betti, 54.

275 Téngase en cuenta que en esta doctrina iusnaturalista se configura la propia noción moderna de "negocio jurídico". Daniel Nettelbladt, en efecto, discípulo de Christian Wolf, fue quien, sobre la base de sus ideas de racionalización y sistematización del derecho común expuestas en su obra Ohnvorgreifflichen Gedanken den heutigen Zustand der bürgerlichen und natürlichen Rechtsgelehrtheit in Deutschland, deren nöthige Verbesserung und dazu dienliche Mittel betreffend (1749), verdadero punto de partida del método pandectista, conformó por primera vez los conceptos –en realidad, "el" concepto, pues viene a considerar equivalentes ambas nociones– de *actus iuridicus* y *negotium iuridicum*. Sobre esta autoría conceptual de Nettelbladt, así como sobre la ubicación sistemática de las correspondientes nociones en su *Systema elementare universae iurisprudentiae positivae* (1762) y los precedentes que se remontan hasta la *declaratio voluntatis* de Grocio, v. M.F. Cursi, Index 29 (2001), 303, y n. 17, 18, 19, 20 y 21, pags. 318-320.

276 Betti, 62.

277 Betti, 52.

La esencia del negocio no descansa en la voluntad como facultad íntima del sujeto, sino que "reside en la autonomía, en la autorregulación de intereses en las relaciones privadas; autorregulación que el individuo no debe limitarse a *querer*, a desear, sino más bien a disponer, o sea, actuar objetivamente. Con el negocio el individuo no viene a declarar que quiere algo, sino que expresa directamente el objeto de su querer, y éste es una regulación vinculante de sus intereses en las relaciones con otros. Con el negocio no se manifiesta un estado de ánimo, un modo de ser del querer, lo que tendría una importancia puramente psicológica, sino que se señala un criterio de conducta, se establece una relación de valor normativo"[278].

La distinción entre la *voluntad* y la *declaración preceptiva*, o *normativa*, es obvia: "mientras que la *voluntad*, como quiera que se la entienda, es siempre algo interno, inseparable de la persona y, por tanto, algo incontrolable, el precepto es, conceptualmente, algo *establecido*, expresado exteriormente en el medio social y, en consecuencia, controlable sin posibilidad de equívoco"[279]. Lo que conduce a sendas perspectivas hermenéuticas netamente diferenciadas, que Betti retrata certeramente: "mientras que respecto a una *voluntad* (declarada) debemos exclusivamente preocuparnos de saber qué cosa pensase y entendiese aquél que *quiere*, respecto a un precepto formulado frente a otros se debe, en cambio, atender sobre todo a la impresión que en estos *otros* es capaz de suscitar. Y podemos aplicarnos a reconstruir el sentido sobre apoyaturas objetivas típicas, sin necesidad de requerir y, por tanto, de fingir, una *voluntad* correspondiente"[280].

El precepto de la autonomía privada en que consiste la declaración –matiza con lucidez el ya clásico maestro– "alcanza existencia como entidad duradera, exterior y desprendida de la persona del autor. Opera para el futuro viviendo su propia vida, independiente de la voluntad que lo ha engendrado y, acaso, oponiéndosele. Mientras que la voluntad, como hecho psíquico, es algo que se confunde con la persona y no es concebible escindida de ella, el precepto del negocio es, por su naturaleza normativa y no psicológica, separable de la

278 Betti, 53.
279 Betti, 62.
280 Betti, 63.

persona, y tal que puede oponérsele (también en los negocios unilaterales) y vincularla"[281].

Además, la voluntad y la declaración normativa no coexisten, sino que se suceden cronológicamente, puesto que "el proceso volitivo, el *iter voluntatis*, se agota en el momento mismo en que se hace surgir el hecho exterior irrevocable de la declaración o del comportamiento"[282]. Emitida, por lo tanto, la declaración negocial normativa, ya ningún papel está llamada a desempeñar, en el plano jurídico, la voluntad íntima, y, en cambio, cobra protagonismo la idea de la *autorresponsabilidad*, esto es, en palabras de Betti, la cuestión de "si el autor del negocio no debe por ventura someterse a las consecuencias, perjudiciales para él, derivadas de la impresión causada, de la confianza razonable suscitada en *otros*, a los que el precepto estaba destinado, o de cualquier modo concernía, sin que se pueda siquiera considerar influyente en sentido contrario la prueba de que él no quisiese o pensase aquellas consecuencias"[283]. Con ello, el iusprivatista italiano viene a tocar una de las facetas mas importantes de la teoría del negocio jurídico, además de, en un ámbito mas amplio, de la teoría general del derecho, a saber, la atinente a la *seguridad jurídica*[284]. La libertad inicial del sujeto actuante, como valor individual, no puede suponer menoscabo de la certidumbre en cuanto a las pautas de actuación que, como valor social, corresponde a los destinatarios de la declaración. Se trata de una cuestión básica que los pandectistas y, en general, "voluntaristas" modernos no tienen en cuenta, al menos en la medida en que deberían hacerlo; y, una vez mas, la clarividencia de E. Betti resulta ilustrativa: "toda la dialéctica del negocio jurídico –manifiesta– se apoya sobre esta antinomia entre libertad, que es antes, y autorresponsabilidad, que viene después, y en consecuencia, entre el significado que estaba presente en la conciencia del

---

281 Betti, 57.

282 Betti, 125-126.

283 Betti, 63-64.

284 O certeza del derecho en sentido subjetivo: cfr. Torrent, El negocio jurídico en Derecho romano (1984), 28 ss.; Larenz, Methodenlehre der Rechtswissenschaft (1991), 297 ss., sobre la declaración de voluntad negocial como "Geltungserklärung".

declarante cuando hizo uso de su libertad y el significado objetivo que el negocio asume una vez concluido"[285].

Hasta aquí, lo que, en esencia, constituye la crítica de E. Betti al "dogma de la voluntad" y su doctrina sobre la trascendencia jurídica de la declaración negocial como ordenación dispositiva en el ámbito social. En puntos ciertamente relevantes, podrá detectar el lector una práctica coincidencia con los criterios que, desde el análisis textual realizado en este estudio, he venido exponiendo: rechazo del binomio "voluntad-declaración", originado en el correspondiente *status* retórico e inadecuadamente instalado en el campo jurídico-negocial a través de una incorrecta interpretación de las fuentes de la jurisprudencia romana clásica, llevada a cabo con raíces en el derecho común, por la pandectística; trascendencia jurídica y eficacia operativa propia, sin conexión con cualquier supuesta *voluntad* de índole psíquica, de *lo expresado* por el sujeto del negocio; distinción neta entre una tal *voluntad*, entidad interna, inseparable de la persona y por esencia incontrolable, y la declaración (fundamentalmente *preceptiva*, en expresión de Betti), entidad exterior, existente con independencia de la persona de su autor y separada de ella, características que, en consecuencia, la hacen objetivamente controlable.

Entiendo, por lo tanto, que el diseño de Betti está, en sus rasgos generales, en línea con la visión de los juristas romanos. Ahora bien, la senda intelectual de éstos y la del iusprivatista italiano difieren, y es éste el punto sobre el que ahora deseo llamar la atención, porque incidir sobre esta diferencia ayudará a decantar con nitidez la que ha sido idea nuclear de mi investigación.

Critica E. Betti el "dogma de la voluntad" a partir de la certera constatación de que la *voluntad* como entidad psíquica, perteneciente al ámbito subjetivo e íntimo de la persona, no ha de tener papel relevante alguno desde la perspectiva jurídica, y sí, en cambio, la declaración, por cuanto no se trata de una mera *exteriorización* de aquella *voluntad*, sino que posee una entidad propia, de naturaleza *normativa*, reguladora de intereses individuales en una proyección social[286]. Visión que se orienta, en definitiva, hacia la preservación

---

285 Betti, 125.

286 En el mismo sentido, Larenz, loc. cit. en n. 28 4.

de la seguridad jurídica para los destinatarios de la manifestación negocial. Ahora bien, según lo entiendo a partir de la reflexión sobre los textos, la estimación de los juristas clásicos debe formularse desde otras coordenadas: la declaración negocial, como cualquier expresión verbal o escrita, posee, ante todo, una *sustantividad lingüística*. Cuando se está ante una expresión, se está, en primer término, ante un *ente* con una realidad objetiva de índole lingüística. Constatado esto, podemos, en un segundo paso dialéctico, calificar dicha realidad con diversas adjetivaciones, como, v.g., *normativa*, *narrativa*, *informativa*, etc. Se trata de calificaciones conceptuales formadas desde el criterio de la finalidad a la que está dirigida la correspondiente expresión, y, en el caso de la expresión *normativa*, o *preceptiva*, tal concepto (esto es, la manifestación ordenadora de pautas de conducta obligatorias) ha sido configurado técnicamente por la moderna teoría general del derecho[287], pero es ajeno a la jurisprudencia romana. Lo que importa a los juristas clásicos no es que la expresión sea *normativa* (con arreglo a nuestra noción de *normatividad*), sino, en un nivel discursivo anterior, que, simplemente, sea *expresión*, realidad lingüística alumbrada, desde luego, por el sujeto, pero con existencia objetiva independiente del mismo. No les interesa, en definitiva, la calificación del hecho lingüístico, sino sólo su sustantiva naturaleza fáctica, puesto que desde la perspectiva procesal de su *sistema de acciones* debe existir un *hecho* constatable, que, subsumido en el modelo que contiene la fórmula y comprobada por el juez su plena adecuación al mismo, permita la condena del demandado, en cumplimiento de las instrucciones del magistrado. Cierto que la declaración negocial, en cuanto expresión lingüística, se integra por un significante y un significado, o *lektón*, que, entendido como "lo dicho", o "lo establecido"[288], configura dicha manifestación como *lex privata*; pero no, propiamente, en el sentido de que de ella emane *normatividad* alguna en el concepto moderno, sino en cuanto que la entidad lingüística surgida constituye un *hecho* apto para sustentar, en virtud del juego de la fórmula adecuada, la condena procesal de quien no sujete su conducta a lo manifestado. Lo relevante, pues, de

---

[287] Sobre el concepto moderno de *normatividad*, Larenz, ob. cit., 250 ss.

[288] V. las referencias *supra*, en n. 90, 97, 104 y 130.

la declaración negocial es su *realidad como ente lingüístico* y no su *normatividad*[289].

Creo que la diferencia entre la percepción de E. Betti y la que, por mi parte, he venido desarrollando tiene una base, sobre todo, metodológica. Él, representante eximio del pensamiento iusprivatista moderno, no menos que de la ciencia romanística, fue el artífice del famoso (y, a mi parecer, no bien comprendido, ni en su época ni aun en la actualidad, por algunos romanistas) *método dogmático* de investigación del Derecho romano[290], del que, según él mismo puso de manifiesto, se sirvió en prácticamente toda su obra científica[291]. Conforme a este método, el conocimiento (de instituciones y principios del Derecho romano) no consiste en una recepción meramente pasiva del objeto por parte del sujeto, sino en una "elaborazione ricostruttiva, che é insieme assimilazione congeniale e valutazione critica"[292]; elaboración reconstructiva que justifica plenamente y, por lo tanto, autoriza "una eventuale *deformazione* dipendente dalla messa a profitto della dogmatica giuridica", de la misma manera que en el arte la *deformación* viene justificada por su valor expresivo[293]. Evidentemente, es a partir de tales criterios metodológicos como ha construido el maestro italiano su teoría sobre voluntad y declaración negocial, como se patentiza por el papel central que en ella desempeñan conceptos de corte dogmático tales como "normatividad", "autorresponsabilidad" y, desde luego, como trasfondo necesario de ellos, el de *seguridad jurídica*. Cierto es que la obra que he tomado como referencia forma parte de un tratado de Derecho civil, pero no lo es menos que en la personalidad científica de E. Betti y, muy claramente, en lo que hace a su doctrina hermenéutica, el civilista y

---

[289] V. *supra*, n. 271.

[290] Defendido por él, por ej., en BIDR 34 (1925), 225 ss.; AG 99 (1928), 129 ss. y 100 (1929), 27 ss.; BIDR 39 (1931), 33 ss.; TR 15 (1937), 139 ss.; Istituzioni di diritto romano I (1947), 5 ss.; Archiv für Rechts -und Sozialphilosophie 40 (1952), 354 ss.; Studium generale 12 (1959), 87 ss.; An. Bari 16 (1961),28 ss.; SZ 82 (1965], 17; Storia e dogmatica del diritto ("La storia del diritto nel quadro delle scienze storiche") (1966), 105 ss.

[291] Cfr. su "Prefazione" a Istituzioni di diritto romano I (1947), V.

[292] Betti, BIDR 39 (1931), 33.

[293] Betti, Istituzioni I (1947), X.

el romanista se presentan como figuras inescindibles[294]. Así pues, la dogmática, la alta dogmática, desde luego, ha sido instrumento de su diseño.

Ahora bien, la óptica genuinamente romana, la perspectiva desde el *sistema de acciones*, lleva necesariamente, según lo estimo, a la matización que por mi parte he ofrecido. Repárese, como corroboración de ello, en la siguiente observación: no es la idea (moderna) de *seguridad jurídica* la que preocupa a los juristas clásicos en su atención a la declaración negocial, y sí, en cambio, la correcta conformación, mediante dicha declaración, del acontecimiento material –de naturaleza lingüística– que ha de ser coherente con el modelo fijado en la formula; porque si su interés central hubiese sido la *seguridad jurídica*, su criterio hermenéutico ante una declaración semánticamente unívoca habría sido *en todos los casos* el seguimiento del sentido ordinario de las palabras, al efecto de su *certeza* desde la perspectiva de los destinatarios, lo que constituye, desde luego, la regla general[295]; pero sucede que esta regla no halla aplicación cuando resulte manifiesto que el sujeto, al emplear dichas palabras, haya albergado una imagen mental sobre su significado que difiera de aquel sentido ordinario (objetivo): *non aliter a significatione verborum recedi oportet, quam cum manifestum est aliud sensisse testatorem*[296]. Adviértase que esta aseveración de Marcelo no se entendería bien desde la perspectiva de Betti y, por lo tanto, en clave de *seguridad jurídica*: el sujeto negocial ha proferido una expresión que, en razón de su carácter *preceptivo*, constituye pauta de conducta necesaria para los demás y, eventualmente, para él mismo. Esta expresión (o, si se quiere, las palabras que la integran) posee un sentido ordinario y comúnmente aceptado, que es, por consiguiente, en el que los destinatarios la entienden y al que ajustan su actuación, todo lo cual acarrea determinadas consecuencias cuya aceptación se impone al declarante en virtud de su *autorresponsabilidad*. Pues

---

294 Una referencia precisa a la deslumbrante personalidad científica de E. Betti puede verse en la *Laudatio* pronunciada por el Prof. F. Betancourt Serna con ocasión de la investidura del Prof. G. Crifò como Doctor *honoris causa* por la Universidad de Sevilla el 25 de septiembre de 2003, en Annaeus 1(2004), 479 ss.

295 D. 32, 25, 1 *Paulus libro primo ad Neratium.*

296 D. 32, 69 pr. *Marcellus libro singulari responsorum*

bien, la *seguridad jurídica* exigiría que el intérprete, v.g. el juez, se atuviese siempre a aquel significado ordinario y objetivo de las palabras, por cuanto en el mismo han confiado y conforme a él se han conducido los destinatarios; sin que, desde una tal perspectiva, hubiese de concederse relevancia alguna al hecho de que el declarante haya atribuido a su expresión un significado (subjetivo) diferente. Sin embargo, el jurista romano sí atribuye a tal factor una importancia fundamental, puesto que entiende que en este caso procede que no se esté al sentido ordinario de las palabras empleadas. Así pues, la regla general "*non...a significatione verborum recedi oportet*" no descansa en una específica preocupación de la jurisprudencia clásica por *nuestra* –la diseñada por el pensamiento jurídico moderno– *seguridad jurídica*. ¿Cuál es, entonces, su fundamento?

Para hallar una respuesta aceptable en la faceta científica a esta cuestión, habremos de buscar un principio o idea que esté en la base de las formulaciones romanas y que sirva para suministrar una explicación satisfactoria tanto a la regla hermenéutica básica del seguimiento del significado ordinario de las palabras, como a la excepción del abandono de dicho significado cuando se patentice que el declarante empleó la expresión en otro sentido diferente. Y, ciertamente, la concepción lingüística de la manifestación negocial proporciona una tal explicación. En efecto, si la expresión es de sentido objetivo unívoco, constituye una realidad lingüística plenamente identificada, integrada por un significante (voz o escritura) y un significado, o *lektón*, de índole indubitada, por lo que en relación con ella se excluye toda *voluntatis quaestio*: no hay *voluntas* –en sentido lingüístico, no psicológico– que indagar, pues en el significado objetivo único de la expresión ha de entenderse realizada la *concordia dicendi et exaudiendi*, conformando dicha expresión el acontecimiento material, de naturaleza lingüística, a subsumir en el modelo hipotético (*si paret...*) de la fórmula. Por ello ha de estarse, en este supuesto, al sentido ordinario de las palabras.

Ahora bien, si llegase a constar que, al utilizar la voz significante, el sujeto pretendió infundirle un significado distinto del socialmente objetivado (por el *communis usus loquendi*), sucedería que la entidad lingüística resultante se habría revelado como meramente aparente, puesto que el significante encerraría un significado desvirtuado por la falta de *concordia dicendi et_exaudiendi*. Por lo tanto, se habría patentizado que el acontecimiento material exigido por la fórmula, y que habría de consistir en el signo lingüístico en principio sugerido por el significante, no existe en la realidad, por lo que no podrá considerarse cumplida la exigencia planteada en la hipótesis formularia al efecto de la condena del demandado. Y, naturalmente, si, por una parte, no existe la entidad lingüística que la voz significante parece a primera vista mostrar, por otra tampoco puede existir la que correspondería a la representación mental albergada por el sujeto, puesto que no fue expresada mediante la adecuada voz significante; pero no se trata sólo de que el pretendido signo lingüístico no haya podido formarse por carencia de significante, sino que sucede, además, que, precisamente en razón de dicha carencia, aquella representación mental no alcanza tampoco la naturaleza de *significado*, no es nada en el ámbito lingüístico, y sí, solamente, una entidad psíquica, perteneciente al campo del pensamiento individual y sin trascendencia externa ni, por lo tanto, jurídica alguna[297].

Permítaseme ahora, en fin, llamar la atención una vez más sobre el pleno sentido que, a la luz de las reflexiones que anteceden, adquiere la manifestación de Paulo: *qui aliud dicit quam vult, neque id dicit quod vox significat, quia non vult, neque id quod vult, quia id non loquitur*[298].

Ciertamente, Emilio Betti propuso una idea científica simple y genial: la declaración como entidad externa, autónoma e independiente respecto de su autor; sin conexiones psicológicas, irrelevantes en la perspectiva jurídica, a despecho de una tradición doctrinal fuertemente arraigada. Enlaza así con la idea de los juristas romanos. Ahora bien, un enfoque histórico del todo correcto ha de llevarnos a detectar como trasfondo del criterio de estos más que la noción de declaración *preceptiva*, la de declaración como *entidad lingüística*. Por las razones que he venido desarrollando a lo largo de este estudio, así lo exige su *sistema de acciones*.

---

297 Cfr. Saussure, loc. cit. en n. 101.

298 En realidad, este texto, D. 34,5,3 *Paulus libro quarto decimo quaestionum*, que he escogido para encabezar mi trabajo y al que he aludido repetidamente, encierra la clave lingüística de la que he denominado *concordia dicendi et exaudiendi*, como parámetro hermenéutico de la jurisprudencia clásica.

— 4 —
CONSTATACIÓN DOGMÁTICA

La contemplación desde la perspectiva lingüística de la declaración en la que consiste el negocio jurídico, como creo que la llevaron a cabo los juristas clásicos, permite comprender mucho mejor la problemática relativa a dos cuestiones de orden diverso, a las que seguidamente me referiré, lo que viene a constituir, conforme al título de esta sección, una valiosa constatación, en el terreno de la construcción dogmática[299], de la realidad histórica de aquella perspectiva. Por un lado, en efecto, la visión lingüística pone al descubierto la coherencia del tratamiento dado por la jurisprudencia clásica a diversos elementos o factores en principio afectantes a la expresión negocial, entre los que se encuentran, desde luego, los denominados por la Pandectística *vicios de la voluntad*, esto es, el dolo, la violencia y el

---

299 Naturalmente, en referencia a la jurisprudencia romana, empleo la expresión "construcción dogmática" en sentido amplio, pero, en todo caso, sobre la idea, que ya observara L. Wenger (Quellen des römischen Rechts, 1953, 2 n. 1) de que no hay solamente una dogmática del derecho vigente, sino también una del derecho del pasado, que es presupuesto necesario de toda reflexión sobre historia de los dogmas; una dogmática a la que debemos acercarnos "por sus propios caminos" (Pleimes, Irrwege der Dogmatik im Stiftungsrecht, 1954, 5) y que, por lo que hace al Derecho romano, era tal vez, desde nuestra óptica y en expresión de Biondi (cfr. Wieacker, Sem. Complutenses III, 1992, 23), una "dogmatica elementare", pero "suficiente para permitir hoy una sistematización basándose exclusivamente en ella" (Alvarez Suárez, Horizonte actual del Derecho romano, 1944, 296). V., sobre la necesidad de considerar el sustrato teórico-conceptual de la jurisprudencia romana, O. Behrends, Index 24 (1996), 1 ss, y, sobre su metodología sistemática, R. Martini, Index 34 (2006), 87 ss.

error, pero también otros como la simulación, la *falsa causa* o la *falsa demonstratio*; por otro, ofrece una explicación satisfactoria, desde un punto de vista técnico, al tan repetidamente mencionado fenómeno de la evolución postclásica y justinianea hacia la preponderancia de la *voluntad interna* en la hermenéutica negocial. He aquí algunas reflexiones sobre cada una de estas dos cuestiones.

A) La consideración de la expresión negocial como entidad o signo lingüístico conlleva el entendimiento de que las palabras pronunciadas, o escritas, constituyen un *significante* que el sujeto empleó en *un* sentido, esto es, confiriéndoles *un significado*, en principio de entre los que les corresponden en el uso común. Esta entidad, integrada por la unión inescindible de significante y significado, tiene una existencia real, externa e independiente del sujeto que la ha generado, por lo que es el único objeto del interés hermenéutico en el ámbito jurídico. Ninguna relevancia tiene, pues, la supuesta e inescrutable *voluntad interna* de aquel sujeto, entidad de índole psíquica y, por consiguiente, no constatable. Es sólo el signo lingüístico *efectivamente creado* la realidad objetiva que, como acontecimiento fáctico observable, ha de ser subsumida en el modelo hipotético descrito en la fórmula, al efecto de la condena o, en su caso, absolución del demandado; para lo cual, dicho signo lingüístico debe resultar plenamente *identificado*. Si a la voz significante corresponde en el uso común un único significado, no se precisará ulterior actividad hermenéutica, toda vez que la identidad del signo lingüístico vendrá ya, desde el inicio, establecida, si bien podrá, eventualmente, resultar desvirtuada ante la constancia de que el significado concebido por el declarante haya diferido del atribuido por el *communis usus loquendi* a la mencionada voz significante. En cambio, en el caso de que ésta tenga varios significados objetivos, esto es, resulte ambigua, la debida identificación del signo lingüístico alumbrado exigirá la determinación del sentido en el que fue utilizada por el sujeto y que, en consecuencia, haya resultado *de facto* integrado en aquella expresión significante: en ello consiste, en esencia, la actividad hermenéutica para los juristas romanos.

A partir de esta concepción, habrá de resultar que, de entre los elementos o factores a considerar como potencialmente afectantes a la expresión en la que se materializa el negocio jurídico, sólo podrán tener relevancia aquéllos que operen como distorsionantes del signo lingüístico, a saber, los que, por una parte, se sitúen cronológicamente *en el momento de la formación de dicha entidad* y, por otra, además, se interfieran de hecho en la integración de significante y significado. En cambio, no serán estimables aquéllos otros que hayan podido actuar sobre el sujeto en un momento anterior a la constitución del signo lingüístico, sin que, por lo demás, supongan después entorpecimiento de la misma; porque, una vez conformada correctamente la realidad lingüística, ya se está ante el acontecimiento material subsumible en el modelo formulario, con independencia de los factores que, eventualmente, hayan impelido dicha conformación. Sugiero una revisión bajo este prisma de las soluciones de la jurisprudencia clásica a la problemática suscitada por la incidencia en el ámbito negocial de los elementos a los que me vengo refiriendo; los textos resultarán así mas inteligibles, toda vez que, en ocasiones, el desconcierto que pueden producirnos proviene sólo de su enfoque desde nuestra perspectiva voluntarista.

En este orden de cosas, repárese en los llamados *vicios de la voluntad*. El dolo, evidentemente, en nada afecta a la adecuada constitución del signo lingüístico, sino que es un factor que interviene antes, impulsando al sujeto a decidir dicha constitución. Los remedios procesales pretorios presuponen la impecabilidad de la expresión negocial y se dirigen a corregir sus efectos negativos para el declarante, por cuanto la misma ha sido obtenida con vulneración de las exigencias de la buena fe[300].

---

[300] D. 17, 2, 3, 3 *Paulus libro trigesimo secundo ad ed.*, en referencia a la constitución de la *societas*, pero como principio de validez general: *fides bona contraria est fraudi et dolo*. Para el origen y sentido de los aludidos remedios procesales (*actio* y *exceptio doli*), v. Lübtow, Er. Maridakis 1 (1963), 183 ss., y A. Ruelle, en comunicación a la 55 sesión de la S.I.D.A. (Rotterdam, 2001), según crónica de J.F. Gerkens, RIDA L (2003), 489 ss., con la llamativa –y, aunque simplificada, esencialmente correcta– apreciación conforme a la cual "l'*exceptio doli* se présente comme le moment fondateur du droit classique" (pag. 505). Sobre la noción clásica de *bona fides* como "lealtad negocial a preservar conforme a la integridad, usos y moral del tráfico" (y, por lo tanto, antagónica al dolo), v. A. Söllner, SZ 122 (2005), 1 ss. (la definición entrecomillada, en pag. 61).

Algo análogo sucede en el caso de la intimidación, que puede determinar al sujeto a poner en existencia una realidad lingüística que él, de no haber mediado la coacción, no hubiera decidido alumbrar, pero que después, al tiempo de dicho alumbramiento, nada tiene que ver con la correcta integración de significante y significado, es decir, con el hecho de que el declarante emplee las palabras en su sentido usual, surgiendo así, sin menoscabo alguno, el signo lingüístico. También aquí la *actio quod metus causa*, la correlativa *exceptio* o, en su caso, la *restitutio in integrum* son instrumentos mediante los que la visión equitativa del pretor persigue la indemnidad de quien se ha expresado correctamente, esto es, ha construido una realidad lingüística sin tacha al efecto de ser subsumida en el correspondiente modelo formulario, pero lo ha hecho como consecuencia de una actuación ajena reprobable[301].

Creo que esta consideración lingüística de la expresión negocial es una perspectiva muy adecuada para comprender el sentido de la famosa manifestación de Paulo, de inspiración estoica como, con acierto, diagnosticara Schulz: *quamvis si liberum esset noluissem, tamen coactus volui*[302]. Ya en 1926, P. v. Sokolowski, en un cuidado estudio sobre el concepto romano de *voluntad*[303], hacía esta certera aseveración: "Voluntas kann vorliegen, wo jeder Wille ausgeschlossen ist, wie im Ausspruch des Paulus: si liberum esset noluissem, tamen coactus volui"[304]. Desde luego, su punto de vista no era el de la naturaleza lingüística de la declaración negocial, pero su idea se sustentaba en una percepción esencialmente correcta, toda vez que el hablar en un sentido determinado (el usual de las palabras que se

---

301 Tal es el sentido de la manifestación "*...ratum non habebo*" (D. 4, 2, 1 *Ulpianus libro undecimo ad ed.*) en el correspondiente título del edicto, sobre el cual v. Lübtow, Das Ediktstitel "Quod metus causa gestum erit" (1932); Cervenca, SDHI 31 (1965), 312 ss.; Ebert, SZ 86 (1969), 403 ss.

302 D. 4, 2, 21, 5 *Paulus libro undecimo ad ed.* Cfr. Schulz, SZ 43 (1922), 180 ss.; Prinzipien (1934), 89. El mismo criterio, en D. 23, 2, 22 *Celsus libro quinto decimo digestorum*: *Si patre cogente ducit uxorem, quam non duceret, si sui arbitrii esset, contraxit tamen matrimonium, quod inter invitos non contrahitur: maluisse hoc videtur.*

303 Zum Willensproblem im römischen Recht. Mél. Cornil II (1926), 427 ss.

304 P. v. Sokolowski, loc. cit., 439.

emplean) es algo netamente independiente de que la decisión de "hablar" haya sido libre o, por el contrario, impuesta; lo que, a su vez, está en clara correspondencia con la concepción filosófica estoica de nuestra participación voluntaria en los acontecimientos con independencia de que el orden inexorable de los mismos nos venga impuesto desde el exterior, tal como se refleja en la conocida metáfora del "carro de Crisipo"[305] o en algunas utilizadas por Marco Aurelio[306].

También, la contemplación por parte de la jurisprudencia romana de la manifestación negocial como un *hecho lingüístico*, completo en sí mismo, para ser cotejado con el modelo formulario, proporciona una explicación satisfactoria a la general irrelevancia asignada al hoy denominado *error propio* y, desde luego, a una de sus más típicas modalidades, la *falsa causa*[307]. Estas afecciones de la voluntad como entidad psíquica en modo alguno lo son de la entidad lingüística generada, puesto que significante y significado la conforman sin impedimento alguno. Tal es el sentido de la expresión de Papiniano: "*falsam causam legato non obesse verius est, quia ratio legandi legato non cohaeret*"[308], de la que N. Rampazzo ha concluido, con acierto aunque ajeno a mi perspectiva lingüística, que la *falsa causa* no puede afectar al legado por un motivo estructural[309].

En la misma línea se sitúa el tratamiento dado por los juristas clásicos al negocio simulado. Para ellos no existe propiamente la contra-

---

305 Crisipo, *Stoicorum veterum fragmenta*, II, 975. Esta misma idea, en Cicerón, *De fato*, 41, 3 y A. Gelio, *Noct. Att.*, 7, 2.

306 Así, v.g., en *Meditaciones*, X, 28, cuyo pensamiento está especialmente influido por Séneca, por ej. en *Epistolae mor.*, 107, 1 1: "*fata volentem ducunt, nolentem trahunt*".

307 D. 35, 1, 72, 6 *Papinianus libro octavo decimo quaest.*; D. 12, 6, 65, 2 *Paulus libro septimo decimo ad Plautium*; D. 35, 1, 17, 2 *Gaius libro secundo de legatis ad edictum praetoris*; Ulp. 24, 19; C. 6, 44, 1 y 5; I. 2, 20, 31. Solazzi, SDHI 21 (1955), 314 ss.; N. Rampazzo, Index 29 (2001), 259 ss., en esp. 262 ss., sobre *falsa demonstratio, falsa condicio, falsa causa*. Por lo que hace al supuesto específico de error propio constituido por el "error sobre las cualidades esenciales" y su desarrollo dogmático, v. J.D. Harke, Irrtum über wesentliche Eigenschaften. Dogmatische und dogmengeschichtliche Untersuchung (2003), así como la recensión de M. Schermaier, en SZ (Germ. Abt.) 122 (2005), 458 ss.

308 D. 35,1,72,6 *Pap. libro octavo decimo quaest.*

309 N. Rampazzo, loc. cit. en n. 307, 269.

posición entre un "negocio aparente" y un "negocio real", que sólo puede plantearse desde una visión voluntarista, cual es en esencia la nuestra; la expresión *simulada* es, en tanto que entidad lingüística, por completo real, puesto que consta de un significante y un significado correctamente integrados, con independencia de cualquier previo acuerdo de exclusión o limitación de sus efectos[310]. En este sentido, debo discrepar de la formulación que en su día hiciese del problema G. Pugliese, en la que descansa, en buena medida según lo entiendo en razón de la influencia posterior de su obra, el equívoco doctrinal: "In sostanza la caratteristica empiricamente più saliente del negozio simulato sta nel contrasto fra il significato che un atto o un complesso di atti esteriori hanno socialmente –significato sociale, oggettivo, che può designarsi col nome di *apparenza*– ed il significato che essi rivestono per le parti –può parlarsi, credo, a questo proposito, di realtà, con riferimento ai *veri* rapporti che intercorrono tra le parti"[311]. En rigor, sucede que cuando, v.g., dos cónyuges manifiestan *vender-comprar* entre sí un determinado objeto que uno de ellos desea donar al otro, el significado social de la expresión *vender-comprar*, que entraña acuerdo sobre intercambio de cosa y precio, no difiere del significado que dicha expresión tiene para ellos, que es *el mismo*, aunque en el caso concreto hayan acordado además, privadamente, la no entrega del precio. Este último acuerdo privado no se interfiere, pues, en la adecuada constitución de la realidad lingüística en la que consiste la expresión negocial, lo que explica la general consideración de validez de la misma en el periodo clásico, sin que los supuestos específicos de los que habría de arrancar la distinta concepción postclásica entrañasen modificación sustancial de este principio[312].

Si reparamos en la naturaleza del denominado por la doctrina moderna *error obstativo*, y en sus consecuencias conforme al pen-

---

310 Aparte mis apreciaciones lingüísticas, a esta conclusión condujo el exhaustivo estudio de Partsch, base fundamental, aún hoy, de nuestros conocimientos sobre el tratamiento dado por la jurisprudencia clásica a la simulación negocial: cfr. SZ 42 (1921), 227 ss., y su complemento, publicado postumamente por Pringsheim, en Aus nachgelassenen und kleineren verstreuten Schriften (1931), 122 ss.

311 Pugliese, La simulazione nei negozi giuridici (1938), 2.

312 Pese a matizaciones como, v.g., las de Mayer-Maly, en Kunkel/Mayer-Maly, RR (1987), 120-121.

samiento de la jurisprudencia clásica, resulta igualmente confirmada la tesis de la consideración lingüística, por parte de aquélla, de la expresión negocial, esta vez desde una óptica inversa, esto es, por cuanto se atribuye a este factor una relevancia invalidante. En efecto, como con acertada intuición lingüística ha formulado A. Torrent, tiene lugar este *error impropio* "cuando el sujeto realiza actos de manifestación a los que atribuye un valor distinto del que en la conciencia social tienen tales actos"[313]. En el momento de emplear la voz significante, por lo tanto, lo hace en un sentido, o con un significado, distinto del socialmente objetivado, que, en consecuencia, es el que asignan a dicha expresión sus destinatarios. De esta forma, el *significado* resulta desvirtuado y, con ello, distorsionada en su conjunto la realidad lingüística, que, de esta manera, no podrá constituir el acontecimiento material coherente con el correlativo modelo formulario, al tiempo de la reclamación procesal. A diferencia de lo que acontece con el dolo, la violencia, el error propio o la simulación, éste sí es un factor que *opera en el momento en que se genera la entidad lingüística, obstaculizando su correcta constitución*; y, puesto que los juristas clásicos atienden fundamentalmente a dicha correcta constitución, es por lo que entienden que, en este caso, no ha sido expresado el sentido objetivo de la voz significante empleada, y, desde luego, tampoco el que el hablante atribuyó a dicha voz, ya que no empleó la adecuada voz significante: no hay, en verdad, *expresión* alguna que pueda sustentar la correspondiente reclamación procesal. Debo, una vez mas, aludir a la nitidez que, desde esta perspectiva, adquiere la ya analizada aseveración de Paulo: *qui aliud dicit quam vult, neque id dicit quod vox significat, quia non vult, neque id quod vult, quia id non loquitur*[314]. Esta es, en definitiva, la razón de la consecuencia invalidante del *error obstativo* en el periodo clásico.

Asimismo, el punto de vista lingüístico resulta esclarecedor de la inocuidad negocial de la *falsa demonstratio*, esto es, el principio *falsa demonstratio non nocet*[315]. De entre los diversos textos que han

---

[313] Torrent, El negocio jurídico en Derecho romano (1984), 82.

[314] D. 34, 5, 3 *Paulus libro quarto decimo quaestionum*.

[315] Configurado definitivamente como regla por el derecho común. V. Donatuti, Studi di diritto romano I (1976), 247 as.; Grosso, St. Bonfante II (1930), 187 ss.;

servido de base a su formulación[316], fijémonos ahora, por paradigmático, en el siguiente:

> D. 35, 1, 17 *Gaius libro secundo de legatis ad edictum praetoris: Demonstratio falsa est, veluti si ita scriptum sit: "servum Stichum, quem de Titio emi", "fundum Tusculanum, qui mihi a Seio donatus est". nam si constat, de quo homine, de quo fundo senserit testator, ad rem non pertinet, si is, quem emisse significavit, donatus esset, aut quem donatum sibi es se significaverat, emerit. 1. Igitur, et si ita servus legatus sit: "Stichum cocum", "Stichum sutorem Titio lego", licet neque cocus neque sutor sit, ad legatarium pertinebit, si de eo sensisse testatorem conveniat: nam et si in persona legatarii designanda aliquid erratum fuerit, constat autem, cui legare voluerit, perinde valet legatum ac si nullus error interveniret.*

Prescindiendo de otras interesantes connotaciones lingüísticas, como la asociación de "*significavit*", "*significaverat*" y "*designanda*" a la expresión significante, y, por otra parte, "*senserit*", "*sensisse*" y "*voluerit*" al significado, resulta claro que para el jurista se está ante una *falsa demonstratio* cuando una parte adjetiva, no sustancial, sino sólo complementaria, de la expresión significante proclama un atributo no verdadero de la persona o de la cosa[317], sin que ello obste, empero, a que la parte sustantiva de dicha expresión baste para incorporar un significado comprensivo de la identidad de las mencionadas persona o cosa, en el que, por su objetividad, convengan el declarante y los destinatarios de su declaración. En este supuesto, la parte adjetiva errónea *non nocet*, no resulta impeditiva de la validez negocial, conclusión que, desde la perspectiva lingüística, se nos presenta como absolutamente natural. En efecto, la entidad

---

Rampazzo, Index 29 (2001), 259 ss.

316 A título de ejemplo: D. 30, 75, 1 *Ulpianus libro quinto disputationum*; D. 31, 76, 3 *Papinianus libro septimo responsorum*; D. 34, 2, 10 *Pomponius libro quinto ad Quintum Mucium*; D. 45, 1, 32 *Ulpianus libro quadragensimo septimo ad Sab.* (relativo éste no a un negocio *mortis causa*, sino a una *stipulatio*); Ulp. 24,19; I. 2,20,30, en referencia ya a "*illa iuris regula falsa demonstratione legatum non peremi*".

317 Cfr. Grosso, loc. cit. en n. 315, 191.

lingüística en la que consiste la expresión negocial ha sido correctamente conformada por la concurrencia de la parte sustancial, no equivocada, de la misma, en función de significante, y el significado identificativo indubitadamente exteriorizado por ella. En rigor, la parte equivocada de la declaración resulta superflua a la finalidad de incorporación del significado, es algo así, por utilizar un símil mineralógico, como la *ganga* de la expresión significante, y por ello es indiferente que hubiese sido acertada o, simplemente, omitida. Hay, pues, realidad lingüística y, por lo tanto, acontecimiento material subsumible en el modelo formulario.

B) Como he adelantado, la visión de la expresión negocial desde la óptica lingüística, propia de la jurisprudencia clásica, facilita también el entendimiento de la evolución postclásica y justinianea hacia la atención a la *voluntad interna* como orientación hermenéutica. Recordaré a este respecto que mi *diseño lingüístico* toma como punto de partida la tipicidad de la fórmula procesal, característica del *ordo iudiciorum privatorum*. La exclusividad de esta fórmula para cada concreta reclamación se plasma en la incorporación de un *modelo* descriptivo de un hecho que ha debido acontecer en el mundo exterior, encomendándose al juez la comprobación, como presupuesto de la condena del demandado, de la exacta correspondencia entre este acontecimiento y aquel *modelo* formulario[318]. Cuando la reclamación tiene como base expresiones negociales no formales, éstas constituyen, en sí mismas, el acontecimiento material que ha de ser subsumido en el modelo contenido en la fórmula; pero su naturaleza fáctica, a los mencionados efectos, estriba en que son *realidades lingüísticas*. A partir de esta consideración, procede su cotejo con la descripción formularia, a la que deberán amoldarse con precisión para que se produzca la condena del demandado, siendo necesaria, para la constatación de dicho acoplamiento de la realidad lingüística al modelo formulario, la previa identificación correcta de aquélla, mediante la determinación indubitada de su *significante*, lo que, en principio, no supone mayor problema, y de su *significado*, lo que constituye el cometido de la actividad hermenéutica. En definitiva: ante una expresión significante equívoca, debe indagarse su

[318] Cfr. d'Ors, DPR (2004), 127-128.

significado objetivo, al efecto de la identificación de la entidad lingüística ante la que se está, lo que es exigencia del modelo formulario diseñado por el pretor para la concreta reclamación de la que se trate. Ahora bien, a partir de este esquema, ¿qué sucedería si dicha exigencia dejase de existir? La respuesta a esta cuestión, obtenida de conformidad a un adecuado razonamiento lógico en el plano teórico, coincide, desde luego, con lo que históricamente aconteció.

En efecto, en la medida en que el sistema procesal de la *cognitio extra_ordinem* se va imponiendo, la *actio* abstracta y genérica va sustituyendo a la ajustada a la concreta reclamación, cuya tipicidad se manifestaba en la correspondiente fórmula, fenómeno que ha sido gráficamente descrito por J.L. Murga con las siguientes palabras: "En cierto modo, la acción queda reducida a una pura puesta en marcha del organismo jurisdiccional a fin de conseguir con ella una anodina, uniforme e incolora reparación de los derechos subjetivos que por supuesto nada tiene que ver ya con lo que había significado el proceso clásico. Antiguamente, en el *ordo iudiciorum privatorum*, cada derecho se tipificaba y se hacía peculiar, porque cada uno de ellos tenía su propia acción en cuyo ejercicio lograban su exacta conformación. Después, en época tardía, la acción es un instrumento uno y único, una *persecutio*, una peculiar vía procesal de naturaleza pública en donde el elemento jurisdicción ha venido a ser el elemento mas significativo"[319], Así pues, desaparece el *modelo* formulario confeccionado a la medida exacta de la correspondiente reclamación y, por lo tanto, exclusivo de ésta, con su descripción del acontecimiento material que ha debido suceder en la realidad como condición de la condena. Al no existir dicha descripción formalmente impuesta, el acontecimiento material legitimante de la reclamación puede tener unos contornos menos definidos, toda vez que no precisa ajustarse a modelo riguroso alguno; y, si tal acontecimiento consiste en una expresión negocial, cesa, en consecuencia, la necesidad de contemplar ésta desde la perspectiva de su naturaleza de entidad lingüística, integrada por un significante y un significado único e inescindible de aquél, a la par que ya independiente de la psique del sujeto que la ha

[319] Murga, Derecho Romano Clásico. II. El Proceso (1980), 31. V. también Kaser, Das römische Zivilprozessrecht (1996), 308 ss., 577 ss.

generado. Puesto que la acción no cristaliza ya en una fórmula que, mediante una descripción, contenga una exigencia de situación jurídico-material específicamente constituida, pierden importancia las palabras como configuradoras o formalizadoras de esa situación jurídico-material. Ahora, las palabras ya no *son*, o *configuran*, la situación jurídico-material, sino que solamente *la exteriorizan*: en efecto, en un tal escenario de debilitamiento, o difuminación, de la técnica procesal, el resto lo hace la inercial influencia retórica, adquiriendo la *voluntad interna* la categoría de acontecimiento sustancial, cuya imprecisión pierde relevancia por el carácter genérico de la acción, y considerándose las palabras, sobre el trasfondo del *status verba-voluntas*, como simple instrumento de exteriorización de aquel acontecimiento básico, que es el que esencialmente ha de ser indagado. En definitiva, *la acción se ha divorciado de la fórmula y, en paralela conexión, el acontecimiento jurídico-material se ha divorciado de la expresión que lo encarnaba.*

—5—
REFLEXIÓN FINAL

Ésta última es la concepción voluntarista que inspira el derecho justinianeo y que, sostenida a través del derecho común, fue *canonizada* para la moderna teoría general del derecho por el movimiento pandectista[320]. Ahora impregna nuestros códigos, nuestras exposiciones doctrinales y nuestras conciencias jurídicas, pese a tener bien poco –o nada– de *jurídica*: una *voluntas* insondable, en efecto, no puede desempeñar papel relevante alguno en el ámbito de un sistema que aspira a la regulación justa de intereses y relaciones interindividuales, mediante una operatividad esencialmente orientada por el valor "*certeza del derecho*" o, en su formulación subjetivista moderna, "*seguridad jurídica*". Pero *voluntas* no es un significante *retórico* y de sentido unívoco; es un significante, simplemente, *lingüístico* y de significado equívoco, utilizado en Roma como tal significante por retóricos y juristas –no propio, pues, de los primeros–, pero con un sentido *psicológico* para aquéllos y *lingüístico* para éstos. El genio jurídico de los clásicos en su estado puro –cosa distinta es la evolución postclásica– no podía entenderlo de otra manera, por cuanto éste es el sentido *científico*, en tanto que constatable, de *voluntas*.

Y, ciertamente, en el método de aquella brillante jurisprudencia *lo jurídico* y *lo científico* no eran elementos tan escindibles como

---

[320] Sobre la construcción racionalista, por parte de la Pandectística, de una teoría general del derecho privado a partir del derecho justinianeo, v. el sugerente artículo de Impallomeni, NNDI 12 (1965), 350 ss. (= Scritti di Diritto romano e tradizione romanistica, 1996, 123 ss.).

considerase Schulz cuando, a partir de una más que discutible identificación entre "método científico" y "método sistemático", se preguntaba: "aber war nicht trotz alledem die Methode der Klassiker, wenn auch nicht die wissenschaftlichere, so doch die juristischere, beweisen sie nicht auch hier wieder ihr juristisches Vollblut?"[321]. En rigor, ¿En qué base mas científica puede sustentarse un *ars_boni et aequi* de dimensión esencialmente social y comunicativa, que se articula y manifiesta por medio de la palabra –en expresiones normativas, jurisdiccionales, doctrinales o, desde luego, negociales–, que en la consideración objetiva de la *lengua* en todas sus facetas? Así lo percibieron aquellos juristas de elevada cultura, que, formados intelectualmente en el pensamiento griego, supieron aprovechar para su *officium* las valiosas aportaciones lingüísticas de la escuela estoica, trasladándolas de la lengua griega a la suya propia, la latina[322], que era considerada en los ambientes selectos tan rica y fecunda como aquélla o, incluso, en mayor medida[323]. Falta, en este punto, entre ellos y nosotros la deseable *concordia dicendi et exaudiendi*, esto es, la conformidad intelectiva entre lo que ellos nos dicen y lo que nosotros entendemos. Es hora ya de establecerla por el bien de la ciencia jurídica.

[321] Prinzipien (1934), 44. Mediante la expresión "trotz alledem" hace referencia Schulz al criterio de Cicerón (*De orat.* 1,42,190; *Brutus* 41,152) conforme al cual el método casuístico hacía difícil y opaca la ciencia jurídica, en tanto él consideraba, en cambio, que el derecho debiera expresarse en un sistema ordenado, abstracto y preciso.

[322] Para la influencia mutua, en el aspecto lingüístico, entre el latín y el griego en la antigüedad, E. Dickey, The Journal of Roman Studies XCIII (2003), 295 ss., con una selección bibliográfica en pags. 301-302.

[323] Así, escribe Cicerón en *De finibus bon. et mal.* 1, 10: *latinam linguam non modo inopem, ut vulgo putarent, sed locupletiorem etiam esse quam graecam*. Sobre el peso inercial de la lengua latina en el oriente romano y su coexistencia con la griega, F. Millar, The Journal of Roman Studies XCIX (2009), 92 ss.

RELACIÓN DE TEXTOS DIRECTAMENTE ANALIZADOS

"MONOGRAFÍAS DE DERECHO ROMANO"

Director: Prof. Dr. D. Antonio Fernández de Buján
Catedrático de Derecho Romano de la Universidad Autónoma de Madrid

A.- Sección Derecho Administrativo y Fiscal Romano

- Tratado de Derecho Administrativo Romano (En preparación). Director Antonio Fernández de Buján
- Hacia un derecho administrativo y fiscal romano (2011). Antonio Fernández de Buján, Gabriel Gerez Kraemer y Belén Malavé Osuna (co-editores)
- La protección o defensa del uso colectivo de las cosas de dominio público: especial referencia a los interdictos de publicis locis (loca, itinere, viae, flumina, ripae) (2002). Juan Miguel Alburquerque. Prólogo A. Fernández de Buján
- Régimen jurídico de la prestación de servicios públicos en Derecho Romano (2002). Esther Pendón Meléndez. Prólogo A. Fernández de Buján
- La actividad económica en el Derecho romano. Análisis contable. Fernando Giménez Barriocanal (2004) Prólogo A. Fernández de Buján
- El derecho de aguas en Roma (2008). Gabriel Gerez Kraemer. Prólogo A. Fernández deBuján
- El régimen jurídico de los Servicios Públicos de Inspección y Policía en Derecho Romano (En preparación). Aurora Fernández Rosaenz. Prólogo A.Fernández de Buján
- Régimen Jurídico de las vías públicas en Derecho Romano (2007). Vanesa Ponte. Prólogo A. Fernández de Buján
- El estatuto jurídico del empleado público en Derecho Romano. (2007). Carlos Varela. Prólogo A. Fernández de Buján
- El marco administrativo y penal de la libertad de expresión en Derecho Romano. (En preparación). Raquel Escutia Romero
- La responsabilidad de los funcionarios en Derecho Romano (En preparación). Elena Quintana Orive
- El Advocatus fisci en Derecho Romano (2006). Alfonso Agudo Ruiz
- Régimen Jurídico de las fundaciones en Derecho Romano (2007). José María Blanch Nougués
- Régimen jurídico del Domicilio en Derecho Romano (2008). Mª Luisa López Huguet. Prólogo A. Fernández de Buján

- Gallaecia: romanización y ordenación del territorio (2004). Luis Rodríguez-Ennes. Prólogo A. Fernández de Buján
- La Administración Provincial en Derecho Romano (En preparación). Antonio Fernández de Buján
- Régimen jurídico del Urbanismo en la Roma Clásica (En preparación). Carmen Tort Martorell
- Régimen jurídico del Urbanismo en la legislación municipal y colonial (En preparación). Mª Carmen Jiménez Salcedo
- Jurisdicción administrativa (En preparación). Pilar Pérez Álvarez
- La financiación de las obras públicas en Derecho romano (2007). Belén Malavé Osuna. Prólogo A. Fernández de Buján
- "Tabulae publicae". Archivos municipales y documentación financiera en las ciudades de la Bética (2005) Juan Francisco Rodríguez Neila
- Abogacía y Ciudadanía. Biografía de la Abogacía Ibérica (2007) Modesto Barcia
- Limitaciones a la libertad domiciliaria en Derecho Romano. María Luisa López Huget. Prólogo A. Fernández de Buján.
- Régimen Jurídico de la expropiación forzosa en Derecho Romano. Enrique Lozano Corbi
- Algunos aspectos sobre el régimen fiscal aduanero en el Derecho romano: Reglamentación jurídica del *portorium*, control de mercancías y comiso por fraude fiscal. (2009) José Luis Zamora Manzano

B.- Sección Derecho Público y Privado Romano

- Del trabajo como hecho social al contrato de trabajo como realidad normativa: un apunte histórico-romanístico (1997). Francisco Alemán Páez y Santiago Castán Pérez-Gómez. Prólogo A. Fernández de Buján
- La intransmisibilidad de las acciones penales en Derecho Romano (1997). José Mª Blanch Nougués. Prólogo A. Fernández de Buján
- El edicto de los magistrados en el lenguaje de la jurisprudencia romana. Un estudio de Derecho Romano (1998). Juan Manuel Blanch Nougués
- El dictamen de un antiguo jurisconsulto (Consultatio veteris cuiusdam iurisconsulti). En defensa de la mujer casada (1999). Juan Manuel Blanch Nougués
- Proceso a Jesús (2002). Autores Varios. Coordinadores: Amarelli y Lucrezi. Trad.: Antonio Fernández de Buján. Introducción: Federico Fernández de Buján

- La revocación de la donatio mortis causa en el Derecho Romano (2003). Carmen Tort Martorell
- Sistema jurídico ático-clásico (2007). Juan Palao Herrero. Prólogo A. Fernández de Buján
- Teoría del Derecho y experiencia jurídica romana (2002). Antonio Viñas
- Sine vitio nancisci possessionem. La adquisición de la posesión de los legados en el Derecho romano clásico (2003). Lourdes Salomón
- El principado de Augusto: el problema de la sucesión (En preparación). Juan Miquel
- La compraventa consesual: cinco estudios romanísticos (En preparación). Antonio Fernández de Buján
- El régimen jurídico de la confusión en Derecho romano (En preparación). Carmen Jiménez Salcedo
- La prestación de alimentos en Derecho romano y en el actual Derecho Internacional Privado (2010). Juan Miguel Alburquerque. Prólogo Antonio Fernández de Buján
- De inutilibus stipulationibus (2006). Mª Etelvina de las Casas León. Prólogo Mª Victoria Sansón Rodríguez
- Régimen Jurídico de la extinción de la patria potestad desde el Derecho Romano al Derecho actual (En preparación). Carmen García Vázquez
- El proceso en rebeldía (En preparación). Esther Pendón Meléndez
- Jurisprudencia y derecho romano. Puntos de vista sobre siete cuestiones jurídicas (En preparación). Ramón P. Rodríguez Montero
- Pactos en el contrato de compraventa en interés del vendedor (2006). Ana Mohino Manrique. Prólogo F. Fernández de Buján
- Estudios sobre la prohibición de donaciones entre cónyuges (En preparación). Francisco de Andrés
- Sistema Contractual Romano. 3ª edición. (2008). Federico Fernández de Buján
- De la filosofía personalista al iuspersonalismo (2004). Antonio Viñas
- Pignus Gordianum (2004). Juan Antonio Bueno
- Argumentación retórica en Juvencio Celso (2005). Mª Dolores Parra
- La forma estipulatoria. (En preparación). Nuria Coch
- Contribución al estudio de la tutela testamentaria plural en Derecho romano (1996). Federico Fernández de Buján
- Régimen jurídico del Derecho penal romano en la época antigua (En preparación). Antonio Ortega Carrillo de Albornoz
- Régimen jurídico del tesoro en Derecho romano (2005). Alfonso Agudo Ruiz. Prólogo A. Fernández de Buján

- La injuria indirecta en Derecho romano (2005). Macarena Guerrero Lebrón
- La vacante en los legados. A propósito de la Ley Única de Caducis Tollendi (C. 6, 51) (2006). Carmen Ortín García
- De Hereditatis Petitione (2006). Francisco Javier Casinos Mora
- Terminología, definiciones y ritos de las nupcias romanas. La trascendencia de su simbología en el matrimonio moderno (2006). Antonio Ortega Carrillo de Albornoz
- Instituciones políticas y sociales de Roma: Monarquía y República (2007). Antonio Viñas
- De iure uerrino. El derecho, el aderezo culinario y el augurio de los nombres (2007). Benjamín García Hernández
- Régimen jurídico de las presunciones (2007). Mª Lourdes Martínez de Morentín Llamas
- La responsansabilidad objetiva en el transporte marítimo y terrestre en Roma (2007). María Salazar Revuelta. Prólogo A. Fernández de Buján
- La injuria verbal colectiva (2007). María José Bravo Bosch. Prólogo Luis Rodríguez Ennes
- El huerto en la Roma antigua. Su problemática urbanística y agraria (2008). Rosalía Rodríguez López.
- El contrato de mandato. Análisis textual y causístico (en preparación). Federico Fernández de Buján
- La eficacia real en las transacciones del comercio de esclavos (2008). Ana Mohino Manrique
- El largo camino de los hispani hacia la ciudadanía (2008). María José Bravo Bosch. Prólogo Antonio Fernández de Buján
- Procedimiento concursal: la posición jurídica del bonorum emptor (2008). Mª Ángeles Soza. Prólogo Francisco Cuena
- Origen de los poderes del *paterfamilias. El pater familias y la patria potestas* (2008). Carlos Felipe Amunátegui Perelló. Prólogo Juán Miquél González
- Autores y obras presentes en Digesto (en preparación). Ana Rosa Martín Minguijón
- El naufragio en Derecho Romano (en preparación). Teresa Peralta Escuer
- Magistrados, Jueces y Árbitros en Roma. Competencia civil y evolución. (2008) Juan Ramón Robles
- Pacto de Melhor comprador: configuração no direito romano (in diem addictio) e projeções no direito actual (2010). Bernardo Bissoto Queiroz de Moraes

- *Iudex Unus*. Responsabilidad judicial e iniuria iudicis (2010). M. A. Sonia Mollá Nebot
- Las pruebas `no-racionales´ en Roma. *Ab urbe condita* hasta finales de la República (2010). José Miguel Piquer Marí
- Estudios sobre diocleciano (2010). Antonio Díaz Bautista (coordinador)
- La pluralidad hipotecaria (2010). Lucía Bernad Segarra
- La concurrencia de responsabilidad civil contractual y extracontractual en el contrato de arrendamiento. Del derecho romano al Derecho Civil histórico valenciano (2011). Carmen Lázaro Guillamón
- Régimen jurídico de la tácita reconducción en Derecho Romano y su proyección en derecho actual (2011). José Antonio Martínez Vela
- Concordia dicendi et exaudiendi. Claves del Derecho Romano para la interpretación jurídica moderna (2011). José María Sáinz-Ezquerra Foces
- La regulación jurídico-administrativa del juego en el Derecho Romano y su proyección en el Derecho moderno (2011). José Luis Zamora Manzano. Prólogo Antonio Fernández de Buján
- La legítima defensa en el Derecho Romano con referencia a la dogmática moderna (2011). Esther Domínguez López
- El binomio procesal. Derecho de acción-Derecho de defensa. Desde la concepción clásica romana hasta la actualidad (2011). Sonia Calaza López

C.- Sección Ius Commune

- Testamentorum sollemnia iuris romani medii aevi memoria (2009). Juan Alfredo Obarrio Moreno
- La preterición en el ámbito del *ius commune*: Los comentarios de Tomás Cerdán de Tallada al Fuero *Declaran* (2009). Juan Alfredo Obarrio Moreno
- El proceso por contumacia. Origen, pervivencia y recepción (2009). Juan Alfredo Obarrio Moreno
- Estudios de tradición romanística: Tutela et curatela (2011). Juan Alfredo Obarrio Moreno
- Interdictum uti possidetis in regno valentiae (2011). Juan Alfredo Obarrio Moreno
- La formación del Derecho foral valenciano. Contribución al estudio de las tradiciones jurídicas hispánicas en el marco del ius commune (2012). Aniceto Masferrer y Juan Alfredo Obarrio Moreno

D.- Metodología Docente. Casuismo Jurisprudencial. Fuentes de Conocimiento

1. Gayo en el aprendizaje del derecho romano (2011). Rosalía Rodríguez y Mª José Bravo
2. Innovación metodológica y espacio europeo de educación superior (2011). Pilar Pérez Álvarez